KB179040

애덤 스미스가 들려주는

보이지 않는 손 이야기

애덤 스미스가 들려주는

보이지 않는 손 이야기

ⓒ 서정욱, 2007

초판 1쇄 발행일 2007년 1월 20일
초판 14쇄 발행일 2023년 4월 20일

지은이   서정욱
그림   박상아
펴낸이   정은영

펴낸곳   (주)자음과모음
출판등록   2001년 11월 28일 제2001-000259호
주소   10881 경기도 파주시 회동길 325-20
전화   편집부 (02)324-2347 경영지원부 (02)325-6047
팩스   편집부 (02)324-2348 경영지원부 (02)2648-1311
e-mail   jamoteen@jamobook.com

ISBN 978-89-544-1963-5 (64100)

• 잘못된 책은 교환해드립니다.

애덤 스미스가 들려주는

보이지 않는 손 이야기

서정욱 지음

㈜ 자음과모음

책머리에

여러분, 여러분은 이제 저와 함께 철학 여행을 떠나게 됩니다. 여러분은 철학이 무엇인지 아세요? 철학은 무척이나 어렵고 힘들고 따분한 것 같지만, 사실은 가장 친근하고 쉽고 재미있는 것이랍니다.

간단히 말하자면 철학은 우리가 어떻게 살아야 하는지, 무엇을 우선으로 정해 살아야 하는지, 행복한 삶이란 무엇인지에 대한 답을 가르쳐 주는 학문입니다.

여러분, 궁금해지지요? 그렇다면 이 책 속으로 여행을 떠나 봅시다.

이번에 이야기 나눌 철학자는 영국의 유명한 철학자 애덤 스미스입니다.

스미스는 1723년 영국 스코틀랜드 지방 커콜디에서 태어났습니다. 그의 아버지는 안타깝게도 스미스가 태어나기 전에 돌아가시게 됩니다.

애덤 스미스는 어릴 때부터 몸이 약해서 잔병치레를 많이 했지만, 누구보다 부지런했고 특히, 책을 많이 읽는 독서광이었다고 해요. 많은 책을 읽은 스미스는 14세에 대학교에 들어갈 자격을 갖추었다고 합니다. 당시의 대학 입학 조건은 오늘과 달리 고전과 수학이었다고 합니다.

고대 그리스 철학책과 수학을 많이 공부한 스미스는 대학 입학 자격을 갖추고 영국의 전통 있는 명문 글래스고 대학교에 입학했습니다. 그 대학교에서 스미스는 도덕 감각학파의 대표자인 허치슨 교수로부터 윤리와 도덕을 많이 배웠습니다. 그리고 허치슨 교수의 도움으로 스미스는 옥스퍼드 대학교의 장학생으로 6년 동안 공부하게 됩니다.

옥스퍼드 대학교에서 고전과 철학을 깊이 있게 공부한 스미스는 글래스고 대학으로 다시 돌아와 논리학을 가르쳤습니다. 스미스는 논리학 외에도 허치슨 교수로부터 배운 윤리학을 가르치기도 했답니다.

스미스는 도덕철학을 다음과 같이 4부분으로 나누어 가르쳤습니다.

첫째, 자연철학

둘째, 도덕철학

셋째, 법학

넷째, 경제학

여러분들이 보기에는 이런 것들이 도덕철학으로 보이지 않죠? 하지만 당시만 해도 학문이 많이 나누어져 있지 않았기 때문에, 스미스는 도덕철학이란 이름으로 많은 것을 가르쳤습니다.

스미스는 훗날 이 네 가지를 각각 다른 책으로 발표합니다. 스미스는 그중에서도 네 번째인 경제학에 대한 내용을 《국부론》이란 책으로 만들었습니다. 《국부론》이란 이름 그대로 부자 나라에 관한 내용입니다.

어떻게 하면 부자 나라가 될 수 있을까요?

스미스는 바로 이 질문에 대한 내용을 《국부론》에 담았습니다. 그리고 제가 여러분에게 들려줄 철학 이야기도 바로 이 책에 관한 것입니다.

스미스가 살았던 시기는 영국의 산업혁명이 한창일 때입니다. 스미스뿐 아니라 영국 사람들은 모두 '어떻게 하면 잘살 수 있을까?' 하고 생각했답니다. 영국의 왕과 귀족, 국회의원 그리고 서민에 이르기까지 모든 사람들은 잘사는 나라를 만들기 위해 노력했습니다.

이런 영국 사람들의 노력 뒤에 애덤 스미스의 《국부론》이라는 책이 있었습니다. 스미스는 부자 나라 이야기를 들려주면서, 어떻게 하면 영국 사람들이 잘살 수 있을까를 함께 이야기했답니다. 이 책에서 애덤 스미스는 '보이지 않는 손'이 있다고 했습니다. 이 보이지 않는 손이 우리 사회를 부자로 만든다고 말했지요.

영국 사람들이 잘살아야겠다는 생각을 한 것도 바로 스미스 덕인지도 모릅니다. 영국 정부에서도 스미스가 들려준 부자 나라 이야기를 듣고 너무 고마워 스미스가 죽을 때까지 월급을 주어 연구에 몰두할 수 있도록 배려해 주었습니다. 뿐만 아니라 스미스에게 많은 연설을 할 수 있는 기회도 제공했습니다.

1787년, 12월 스미스의 모교인 글래스고 대학교는 만장일치로 애덤 스미스를 총장으로 모셨답니다. 스미스는 부자 나라 이야기로 모든 학자들이 부러워하는 명예로운 자리인 총장까지 지냈답니다. 그러나 건강이 악화된 스미스는 2년 동안만 총장으로 지냈습니다.

건강 회복을 위해 스미스는 많은 노력을 하였습니다만, 결국 다음해인 1790년, 67세의 나이로 세상을 떠나게 됩니다.

스미스는 부자 나라 이야기에서 어떤 생각을 했기에, 영국 사람 모두가 좋아했을까요?

스미스가 생각한 부자 나라 이야기 속 보이지 않는 손, 참 재미있겠죠? 스미스의 생각이 무엇인지 우리 함께 살펴볼까요?

스미스의 부자 나라 이야기의 보이지 않는 손을 위해서 도와 준 사람이 참 많아요. 쉽게 이해할 수 있도록 이 책을 편집하신 사람, 디자인해 주신 사람 그리고 그림을 그려 주신 사람에게 감사드려야겠죠? 그리고 누구보다 고마운 분은 이 책을 출판해 주신 (주)자음과모음 출판사의 강병철 사장님입니다. 정말 고맙습니다.

자, 이제 스미스가 이야기한 부자 나라 이야기의 보이지 않는 손이 무엇인지 첫 장을 한번 열어 볼까요!

2007년 1월
서정욱

C O N T E N T S

어허! 이건 너희들이 궁금해 할 물건이 아니라는데도. 때끼! 어디다 손을 대는 거야!

이 녀석들! 정말로 이 호리병 안에 뭐가 들어 있는지 궁금한 게냐? 호리병의 정체를 알게 되는 순간 이 꼬부랑 할아버지와 오랫동안 함께 있어야 해도 괜찮은 게야?

휴우, 그래 졌다 졌어. 거참 끈질긴 녀석들이로구나. 요새 애들은 이 할아버지가 무슨 말만 하면 학원이다 뭐다 하며 꽁무니를 빼기 일쑤던데, 네 녀석들은 참으로 희한하구나. 물론 이 호리병은 학원보다 유익하고 컴퓨터 게임보다도 훨씬 재미있는 물건이란다. 그건 이 할아버지가 장담하지!

그렇다면 이 호리병 안에 뭐가 들어 있을지 맞춰 보거라. 뭐? 술이라고? 이놈들! 이 할아버지가 술이나 싸 갖고 다닐 사람으로 보이냐? 뭐? 약? 하하! 나는 건강하단다. 자자, 다들 가까이 모이렴. 이 안에는 그동안 내가 모아 둔 이야기들이 들어 있단다. 하나만 해 달라고? 알았다, 알았어. 너희들이 그렇게 원하니 이 호리병에 있는 이야기 하나를 꺼내 보마.

이 호리병 안에는 갖가지 신기한 이야기들이 들어 있단다. 나는 수백 년 동안 전 세계를 돌아다니며 놀랍고 재밌는 이야기들을 이 호리병 안에 수집했지. 길게는 수천 년이 지난 이야기도 있지만, 모든 이야기들은 아직도 이 호리병 안에서 살아 움직이고 있단다. 그러니 너희들은 실감 나는 이야기들을 만나 볼 수 있을 게야. 조금도 지루하지 않게 말이다.

자, 그럼 어떤 이야기를 들려줄까? 한국에서 모은 것도 있고 영국에서 담은 이야기도 있고 미국에서 만난 이야기도 있단다. 어떤 이야기를 듣고 싶으냐? 영국에서 담은 이야기? 오호~ 너희들 아주 재미있는 이야기를 택했구나! 이 이야기의 제목을 듣게 된다면 너희들은 더욱 궁금해질 게다. 영국에서 담은 그 이야기의 제목은 바로 '보이지 않는 손'이란다. 어때? 재미있겠지?

좋아! 꽤 긴 이야기가 시작되겠지만, 너희들이 보이지 않는 손의 정체를 무엇인지 알아내기 위해 집중만 한다면 시간은 쏜살같이 흘러갈 게다. 어디 한번 가 보자꾸나!

시녀의 아들 피터

 재벌이 있는 곳에 반드시 불평이 있다.

-애덤 스미스

1 말썽 끄러기 스미스

18세기, 영국 스코틀랜드. 그곳에 열다섯 살의 스미스가 살고 있었단다. 스미스의 아버지는 스미스가 태어나기 두 달 전에 안타깝게도 하늘나라로 가셨기 때문에 스미스는 어머니와 단둘이 지냈단다. 스미스는 아주 어려서부터 책을 매우 좋아하고 영리했지만, 대단한 말썽꾸러기였단다.

"모니카! 모니카!"

"네, 도련님!"

모니카는 스미스 집에서 일하는 시녀의 이름이지.

"네, 도련님. 부르셨어요?"

"부르셨냐니! 대체 몇 번을 불러야 해?"

"아, 저기…… 아까 말씀하신 코코아를 만드느라고……."

"몰라, 몰라. 암튼 나 지금 나갈 거니까 엄마한테 말 좀 잘해 줘."

"코코아 다 됐는데요. 그리고 조금 있다가 약도 드셔야 하고요."

애덤은 태어날 때부터 허약 체질이라 잔병치레가 많았단다.

"코코아는 먹기 싫어졌어. 그리고 약은 나갔다 와서 먹으면 되잖아. 암튼 지금 나간다!"

"안 돼요, 도련님. 마님께서 오늘은 외출 못 하시게 꼭 붙들어 놓으라고……."

모니카는 스미스를 잡아 보려 했지만 스미스는 이미 사라진 후였어.

"쿰! 뛰어!"

스미스는 사냥개 쿰과 함께 사냥을 하러 숲으로 뛰어가고 있었어. 물론 어머니 몰래 말이야. 스미스의 어머니는 자신의 아들이 영국 신사처럼 점잖은 사람으로 자라길 바라셨기 때문에 스미스가 몰래 나가서 사냥한다는 사실을 들키면 크게 혼내곤 했지.

"모니카! 스미스 들어오거든 당장 내 방으로 오라고 해!"

"네, 마님."

그래서 죄 없는 모니카만 마거릿 부인에게 야단 맞기 일쑤였지.

"스미스, 너는 커서 뭐가 되려고 그러니? 도대체 새나 토끼 따위를 잡아서 뭐하려고 그러는 게야."

"……"

스미스는 그날도 어김없이 쿰과 함께 숲에서 한참을 놀다가 흙투성이가 되어 집에 돌아왔어.

"스미스, 제발 부탁이다. 너는 몸도 약한 아이가 감기라도 걸리면 어쩌려고 이렇게 매일 해가 질 때까지 놀다가 이 모양이 되어 들어오는 거니? 세상이 혁명이다 뭐다 해서 시끄럽지만, 사람은 모름지기 태어날 때부터 그 일생이 정해지는 것이란다. 그렇게 따졌을 때 우리 집안은 대대로……"

그 당시 영국에서는 봉건 제도가 무너지고 상공업이 발달하기 시작했단다. 그렇게 되면서 자본이 쌓이고 기업이 등장해 발전하기 시작했지. 영국은 노동력이 풍부하고 자연과학이 발달했기 때문에 산업혁명이 이루어질 수 있는 충분한 조건을 가지고 있었단다. 그 혁명을 이루기 위한 변화가 시작되는 중이었거든. 산업혁명과 어린 스미스가 무슨 관계냐고? 허허, 그건 이야기를 계속 들어 보면 알게 될 게다.

'또 시작이시네. 이제 영국 신사 얘기가 나올 때가 됐는데?'

"그리고! 진정한 영국의 신사가 되기 위해서는……."

'큭큭큭. 엄마의 레퍼토리는 변함이 없다니까!'

스미스는 엄마의 꾸지람을 한 귀로 듣고 한 귀로 흘려 버렸지.

"똑똑똑."

'아싸!'

마침 문을 두드리는 소리가 들렸지. 점점 길어지는 엄마의 꾸지람 앞에 하품을 길게 늘어뜨리고 있던 스미스에게는 구원의 노크 소리였어.

"마거릿 마님. 모니카입니다."

"으흠, 스미스. 이 어미 말이 무슨 뜻인지 알겠지?"

"네네."

스미스는 건성으로 대답했어.

"들어 오거라."

"네, 마님. 피터 어서 들어와, 어서."

모니카 옆에는 웬 사내아이가 멋쩍은 듯 서 있었어. 그리고 스미스 또래쯤 되어 보이는 그 사내아이는 모니카의 재촉에 쭈뼛쭈뼛 방으로 들어왔지.

"어, 그래. 이 아이가 피터구나."

"네, 마님. 벌써 이렇게 컸답니다."

'피터?'

스미스는 피터라는 아이를 위아래로 훑어보았어. 농부들이나 쓸 법한 모자에, 초라한 멜빵바지, 그리고 낡아 빠진 구두…… 흥! 스미스는 피터를 비웃었어.

"그래, 몇 살이라고?"

"네, 열다섯 살입니다."

스미스는 자신과 나이가 같다는 소리에 다시 한 번 유심히 피터를 살펴 보았단다.

"정말 감사합니다, 마님."

스미스는 모니카가 무얼 감사하다고 하는 건지 궁금했어.

"그래, 모니카 네가 우리 집에서 일한 지가 얼마나 됐지?"

"돌아가신 저희 부모님 때부터 마님의 신세를 졌습니다. 저는 열세 살이 되던 해에 이 집에 들어왔습지요."

"벌써 그렇게 됐구나. 피터 아빠도 도시로 떠나고, 너희 집안

상황이 좋지 않다니, 피터를 우리 집에서 거둬 주는 것이 당연하지."

"감사합니다, 마님. 피터가 아직 어리지만 아빠한테 배운 게 있어서 일은 똑 부러지게 잘한답니다. 피터, 뭐해! 얼른 마님께 감사하다고 인사드려야지."

모니카가 피터의 옆구리를 쿡쿡 찌르며 재촉했지만 피터는 고개만 까딱할 뿐 내내 시무룩한 표정이었어.

'쳇! 건방진 놈 같으니라고!'

스미스는 첫 만남부터 피터를 곱게 보지 않아.

"얘가 왜 이래. 어서 '감사합니다' 하고 인사를 하라는데도!"

"됐다, 모니카. 어디 저라고 속이 좋겠느냐. 영리한 아이가 학교에도 못 가고…… 쯧쯧. 데리고 나가 저녁 식사나 같이 하렴."

"엄마, 엄마."

모니카와 피터가 방에서 나가자마자 스미스는 엄마인 마거릿 부인에게 궁금한 것들을 묻기 시작했어.

"엄마! 쟤네 아빠는 왜 도시에 간 거예요?"

"타고난 계급이 그런 걸 어쩌겠니?"

엥? 스미스는 엄마가 대체 무슨 소릴 하시는 건지 알 수가 없었 단다.

"타고난 계급이요? 계급이랑 도시 가는 게 무슨 상관이에요?"

스미스는 되물었지. 호기심 많은 스미스는 궁금한 것은 못 참는 성격이었으니 말이야.

"그러니까 스미스, 너는 감사한 줄 알고 열심히 공부하면서 명문 사립 학교에 들어갈 생각을 해야 하는 거야. 피 터 같은 애들은 학교에 가고 싶어도……."

'앗, 괜히 말을 꺼냈네. 이런.'

또다시 시작된 마거릿 부인의 잔소리 에 스미스는 질문한 것을 후회했어.

"아무튼 앞으로 피터도 방직 일을 도우며 우리 집에서 지낼 테니 잘 대해 주렴."

스미스네 집은 대대로 방직업을 하고 있었어. 그때 영국에서 옷감 짜내는 일, 즉 방직 산업이 발달했었다는 건 모두 알고 있겠지? 영국에서는 스미스네 집처럼 초원을 중심으로 양을 키우는 사람들이 많았어. 양의 털로 실을 만들고, 그 실로 옷감을 짰지. 산업혁명은 이렇게 옷감을 짜는 방직업을 토대로 이루어졌단다. 농사를 짓는 것보다 양의 털로 실을 뽑아 내는 것이 돈을 더 많이 벌 수 있다고 생각한 지주들은 양을 키워 방직업을 하려고 했단다. 그래서 그 땅을 빌려서 농사를 짓던 농노들을 내쫓고 양을 키우기 시작했지. 이것을 '인클로저 운동'이라고 한단다. 이 정도면 대대로 방직업을 한 스미스네가 땅이 많은 지주이고, 부자라는 것 정도는 알 수 있겠지? 부잣집 아들이라 그런지 스미스가 조금은 철이 없는 것 같다고?

'쳇! 시녀의 아들 주제에 거만하기까지 한 녀석한테 내가 잘해 줄 이유가 뭐람!'

마거릿 부인의 부탁은 아랑곳없이, 스미스는 피터와 잘 지내 볼 생각이 전혀 없었단다. 피터가 왜 그렇게 시무룩해 보였는지, 왜

자신과 같은 나이에 학교를 가지 않고 일해야만 하는지에 대해서
는 전혀 궁금하지 않았거든.

2 미묘한 삼각관계

두리번두리번.

어느 맑은 봄날 오후, 스미스는 목장에 나와 누군가를 찾고 있었단다. 그게 누군지 궁금하다고? 조금 더 들어 봐.

"이 시간이면 여기 있을 텐데 이상하네."

스미스는 혼자 중얼거리며 그곳에서 한참을 두리번거리고 있었단다.

"어? 저기 있다!"

스미스는 갑자기 바빠졌어. 셔츠 컬러를 단정하게 하고, 모자를 다시 쓰고, 옷에 앉은 먼지를 털어내고…… 한참 동안 옷매무새를 가다듬던 스미스가 제 또래쯤 되어 보이는 예쁜 소녀에게 다가갔지.

"저…… 제시카. 이거 받아."

"네?"

"이거 받으라고!"

소리를 지르는 스미스의 얼굴이 사과처럼 빨개졌어.

"너 이거 좋아한다며…… 음, 그냥…… 내가 먹다가 남겼는데 아까워서 그냥 너 주는 거야. 그러니까 받아."

하하하! 귀여운 녀석! 스미스가 제시카에게 건넨 치즈 덩어리는 먹다가 남긴 것이라기에는 너무나 깨끗한 새 것이었어. 게다가 새하얀 거즈에 예쁘게 싸여 있었고 말이지.

이건 비밀인데 사실 스미스는 제시카라는 여자 아이를 좋아하고 있었어. 스미스 자신은 아직 깨닫지 못하고 있었지만 말이야. 제시카는 스미스네 목장에서 양을 관리하는 조엘 아저씨의 딸이란다.

"지난번에도 이거 받아서 아빠한테 야단 맞는걸요."

제시카가 곤란한 표정으로 말했어. 스미스는 오늘뿐만 아니라, 제시카가 치즈를 좋아한다는 걸 알게 된 후로 거의 매 식사 때마다 치즈를 먹지 않았어. 남겨두었다가 제시카에게 건네 주려고 말이지. 그 당시 조엘 아저씨나 제시카 같은 노동자 계급의 식량이라고는 빵, 감자 정도가 전부였단다.

"내가 조엘 아저씨한테 잘 말해 줄게. 걱정 마!"

스미스는 깨끗한 거즈에 말아 온 치즈를 제시카의 손에 쥐어 주곤 등을 돌려 걸음을 재촉했어. 그때 스미스의 뒤에서 제시카의 목소리가 들리지 않겠어?

"어? 피터 오빠, 어디 다녀오는 거야?"

뒤에 피터가 오는 모양이었어. 제시카의 목소리에 스미스의 귀는 쫑긋해졌고 말이야.

'제시카가 재수 없는 피터에게 왜 저렇게 친절한 거야?'

스미스는 걸음 속도를 늦추며 제시카와 피터의 대화에 계속 귀를 기울였지.

"목장에 심부름 좀 다녀오느라고."

"응! 나도 아빠 심부름을 다녀오는 길이야, 휴우."

"왜? 무슨 일 있었니?"

'뭐야! 쟤네들 왜 저렇게 다정한 거야! 제시카에게 무슨 일이 있든 말든 무슨 상관이람! 흥!'

스미스는 피터와 제시카의 대화에 점점 예민해졌어.

"며칠 전부터 양 한 마리가 계속 비실거려서 말이야. 고놈이 태어날 때부터 지 어미를 힘들게 하더니 이제는 우리 아빠까지 어찌나 힘들게 하는지. 휴우!"

"그랬구나. 너 손에 든 건 뭐니?"

"그 녀석 먹일 영양제. 시장에 이걸 사러 갔었거든."

"아니, 이쪽 손에 든 것 말이야."

피터가 거즈에 싸인 치즈 덩어리를 가리키며 물었어.

"어? 아, 이거?…… 음…… 아, 오빠 이거 먹을래?"

헉! 스미스는 자신도 모르게 걸음을 멈춘 채 눈에 힘을 주었어.

"너 먹으려던 거 아냐?"

"난 시장에서 군것질을 했더니 배불러. 이거 오빠 먹어."

'설마 내가 준 치즈를 피터가 먹지는 않겠지!'

스미스는 조마조마한 마음으로 귀를 기울이고 있었어.

"냠냠! 맛있다!"

이런! 스미스의 등 뒤로 제시카에게 준 치즈를 피터가 맛있게 먹는 소리가 들려오는 게 아니겠어? 너희들은 스미스의 마음이 어떨지 상상이 되니?

"피터 이 자식! 내가 복수하고 말 테다!"

스미스는 이를 갈며 집으로 갈 수밖에 없었단다.

3 피터 내쫓기 대작전

"피터! 피터!"

"도련님 부르셨어요?"

스미스의 목소리를 듣고 모니카가 달려왔어.

"모니카 말고 피터 말이야, 피터!"

"피터가 지금 마님 심부름을 나가고 없어서요. 무슨 일인지 제게⋯⋯."

"됐어! 피터 오면 내 방으로 오라고 해!"

"네에."

스미스는 제시카와 피터의 다정한 모습을 본 뒤로 피터를 눈엣가시로 여기기 시작했어. 스미스는 온갖 궂은일을 피터에게 다 시켰지.

'어떻게 해서든 피터 저놈을 우리 집에서 쫓아내고 말 테다!'

피터를 쫓아내기 위해 온갖 궁리를 다 하기 시작했지.

"똑똑똑"

"누구냐?"

"엄마, 저 스미스예요."

"들어오너라."

스미스는 피터를 집에서 쫓아내기로 결심했어.

"엄마, 피터 말이에요."

"그래, 피터가 왜?"

"걔는 더 이상 우리 집에 있어서는 안 될 것 같아요!"

"응? 그게 갑자기 무슨 소리니?"

마거릿 부인은 의아한 표정으로 물었어.

"엄마가 지난번 크리스마스 때 제게 사 주신 만년필 말이에요."

"그래, 왜? 벌써 잉크가 떨어졌니?"

"그게 아니고요."

"무슨 말을 하려고 그렇게 망설이는 거니? 어서 말해 보렴."

스미스는 잠시 멈칫하며 생각했지.

'녀석이 밉긴 하지만 이건 좀 심한 것 같은데…… 어쩌지?'

"말은 안 하고 무슨 생각을 그렇게 하는 거야? 어서 말해 보렴."

마거릿 부인이 재촉했어.

'할 수 없지! 이미 말이 나왔으니 앓던 이를 뽑아 버려야지!'

스미스는 무언가 대단한 결심을 한 듯 다시 입을 열었어.

"그 만년필을 피터가 훔쳐 갔어요!"

스미스는 두 눈을 질끈 감고 외쳤지. 그리고 한참 동안 말이 없던 마거릿 부인이 입을 열었어.

"피터가 만년필을 훔쳐 가는 걸 직접 보았니?"

"네? 아니, 그건 아니지만……."

스미스는 당황했지만 마음을 가다듬고 다시 마거릿 부인에게 말했지.

"직접 보지는 못했지만, 틀림없이 피터의 짓이에요. 제가 어제 오후에 만년필을 쓰고 책상에 올려놨었는데 아침에 일어나 보니 만년필이 없어졌거든요. 저녁에 제 방에 들른 사람은 피터뿐이고요."

"직접 본 것도 아닌데, 무턱대고 피터를 의심하면 안 되지. 혹시라도 피터가 억울하게 의심을 받는 거라면 얼마나 기분이 나쁘겠니."

"그것뿐만이 아니에요. 엄마, 피터는요……."

스미스는 이러쿵저러쿵 어쩌고저쩌고 피터의 험담을 늘어놓기 시작했지. 잠자코 스미스의 이야기를 듣고 있던 마거릿 부인이 입을 열었어.

"스미스!"

"네."

"피터는 불쌍한 아이란다. 너도 피터의 가정 형편을 들었잖니."

당시 영국은 빈부의 격차가 더욱 심화되기 시작했어. 기계화로 인해 사람의 손이 필요한 일이 점점 줄어들었지. 그래서 노동계급의 사람들은 점점 형편이 나빠졌고 피터네 집도 더욱 어려워졌을 거야. 마거릿 부인은 그 사정을 너무나 잘 알고 있었어.

"엄마는 네가 피터를 가엾게 여기고 좋은 친구로 생각했으면 좋겠다. 마음 넓고 푸근한 신사가 됐으면 해. 그리고 피터는 네가 생각하는 것보다 훨씬 착하고 좋은 아이란다. 피터가 어떤 아이인지 알게 되면 좋은 친구가 될 수 있을 거야."

마거릿 부인이 피터를 감싸고 돌자 스미스는 더욱 화가 났어.

"그리고 이렇게 정확한 근거도 없이 친구를 의심하고 험담하는 것은 옳지 못한 일이야. 또……."

스미스는 한참 동안 마거릿 부인의 잔소리를 듣고서야 방으로 돌아올 수 있었지.

"엄마는 내 말도 안 믿어 주고!"

피터는 자신의 말을 믿어 주지 않는 엄마에게도 화가 났어. 거짓말을 믿어 주지 않는다고 화를 내다니. 스미스는 정말 못 말리는 아이지?

"내가 기필코 피터를 우리 집에서 쫓아내고 말겠어. 피터! 기다려랏! 너는 곧 우리 집에서 나가게 돼 있어. 얄미운 놈!"

스미스는 피터 생각에 이를 갈며 소리쳤지. 그리고 스미스는 그 후로 피터의 모든 행동에 딴죽을 걸기에 바빴어.

그리고 며칠 뒤.

이게 웬일이야? 정말로 피터가 안 보이지 않겠어? 피터가 있어야 할 방직실에는 무시무시한 기계들이 움직이고 있었어. 그리고 목장에도, 식당에도…… 피터는 보이지 않았어.

"무슨 일이지? 하나님께서 내 기도라도 들어주신 건가? 히히!"

스미스가 마당에서 혼자 키득거리고 있을 때, 마침 외출했다가 돌아온 마거릿 부인이 마차에서 내리고 있었어.

"엄마, 엄마!"

"웬 호들갑이니?"

마거릿 부인은 고운 빛깔의 양산을 펴며 말했어.

"엄마, 제 말이 맞지요? 피터가 얼마나 나쁜 아이인지 엄마도 이제 알게 되신 거지요? 그래서 피터를 내쫓으신 거죠?"

"그 얘기를 하려고 이렇게 호들갑을 떨었니? 너도 참……."

마거릿 부인은 대수롭지 않다는 듯 말하며 집으로 들어갔어.

"엄마 엄마! 제가 뭐랬어요? 피터 걔가……."

"스미스! 그런 것 아니라는데도!"

마거릿 부인은 뒤돌아서며 스미스에게 말했어.

"그럼 왜요? 피터가 어디 아프기라도 해요?"

"피터는 아주 건강하단다. 너 방직실에 가 보았니?"

"네. 참! 거기에 있는 무시무시한 기계는 다 뭐예요?"

스미스는 아까 피터를 찾으러 방직실에 갔다가 보았던 기계를 떠올리며 물었어.

"앞으로 그 기계가 열 사람 몫은 넉넉히 해 낼 거다."

"기계가 방직 일을 한다고요?"

"그래. 너는 아직 잘 모르겠지만, 영국은 지금 거의 모든 분야에서 기계화가 이루어지고 있단다. 각각 그 쓸모에 맞는 기계가 많이 발명되고 있지."

"기계는 예전에도 사용해 왔잖아요. 거기다가 마지막에는 사람의 손이 필요한 것 아닌가요?"

"물론 지금까지는 그래 왔단다. 하지만 지금 우리 영국에서 불고 있는 기계화의 바람은 기존에 있던 기계의 도움을 받아 사람이 일을 하는 수준이 아니란다. 사람이 하는 일은 기계를 작동시키는 것 뿐, 모든 일을 기계가 하고 있단다. 사실 방직 일 정도는 기계화라고도 할 수 없을 정도란다. 도시에 있는 수많은 공장에서 불고 있는 기계화 움직임을 보면 엄청난 혁명과도 같지."

"생필품을 만드는 일도 공장의 기계가 할 수 있다고요?"

스미스는 믿기 어려웠단다.

"물론이지. 방직 일만 해도 기계가 어찌나 빨리 천을 만들어 내는지 실이 다 부족할 지경이란다. 이제 각자 집에서 조금씩 옷감을 만들던 일도 사라질 거야. 옷감을 짜 주는 기계가 발명되었으니 말이다. 우리도 이제 방직 기계를 들여놨으니 목장에 있는 양의 숫자도 늘리려고 한단다."

이 당시 영국은 방직업뿐만 아니라 모든 기계 산업이 발전하는 시기였단다. 따라서 기계 생산을 중심으로 철공업, 석탄업, 기계 공업이 급속도로 발전하여 석탄과 철의 생산 역시 증대되었지. 이러한 기계 공업은 후에 자본주의적 사회 체제로의 급속한 변화를 일으키는 원동력이 된단다. 그럼 다시 스미스의 이야기로 돌아가 볼까?

스미스는 마거릿 부인의 말을 듣는 둥 마는 둥 했어. 사실 스미스가 궁금한 건 산업화니 기계 공업이니 하는 말들이 아니었으니 말이야.

"그나저나 그래서 피터는요? 걔가 얼마나 나쁜 앤지 엄마도 알게 되신 거지요? 그래서 피터를 내쫓으신 거지요?"

"너는 여태 엄마 말을 뭘로 들었니? 지금까지 대답해 주었잖아."

"네? 무슨 대답이오?"

스미스는 엄마가 자신의 질문에 대해 어떤 대답을 해 주었다는 건지 알 수 없었어.

"엄마는 여태 기계 얘기만 하셨잖아요. 우리 방직실에 있는 엄청난 기계랑, 도시 공장에도 기계가 생겼고, 기계가 천을 만들고…… 뭐 그런 이야기 말이에요."

"그러니까 말이야. 엄마가 아까도 말했듯 기계 하나가 열 사람 이상의 몫을 해 낸다면 더 이상 우리 방직실에 많은 인부를 둘 필요가 없다는 거지."

스미스는 곰곰이 생각해 보았어. 사람 열 명이 할 일을 기계 한 대가, 그럼 기계가 열 대면 사람 백 명이 할 일을 하게 되는 거고 말이야. 뭐? 당연한 것 아니냐고? 지금이야 당연한 일이었겠지만 스미스가 살던 시대에는 굉장한 일이었단다. 스미스는 그제야 방직실에 피터가 보이지 않는 이유를 알 것 같았어.

"이제 피터가 더 이상 우리 목장에 나오지 않는 이유를 알겠니?"

"네, 그러니까 우리 방직실도 사람이 할 일이 줄어든 거로군요."

"그래. 아까 말했듯이 각자 집에서 조금씩 하고 있던 방직일도 없어지고 있으니, 요즘 농촌에는 일자리를 잃은 사람들이 많아지고 있단다. 그래서 하나 둘 도시로 떠나고 있는 거야. 비록 돈을 적게 받더라도 도시에는 공장이 많아 일자리를 구할 수 있으니 말이야. 우리 집 방직실만 해도 기계 한 대면 충분히 할 수 있는 일을 열 명씩이나 월급을 주며 일을 시킬 수는 없는 노릇이잖니? 모니카까지 내쫓을 수 없어 모니카는 그냥 두었다만, 그 집도 걱정이 이만저만이 아니라는구나. 당장 피터가 일을 안 하면 먹고 사는 일이 막막하다고 하던데……."

스미스는 곰곰이 생각에 잠겼어. 집에서 편안히 책이나 보고 가끔 엄마 몰래 토끼를 잡으러 나가고 모니카를 시켜서 그때그때 먹고 싶은 맛난 음식을 먹고…… 사실 여태껏 스미스의 생활은 그게 전부였거든. 그런데 자신과 같은 나이의 피터는 왜 학교를 가지 못하는지, 왜 먹고 사는 걱정을 해야 하는지, 갑자기 그런 의문이 생기기 시작했지. 피터를 처음 만난 날 왜 그렇게 시무룩한 표정이었는지도 궁금해졌고 말이야. 그리고 지금껏 살면서 가정교사가 찾아오는 것 외에는 외부 사람을 만나 본 적도, 더욱이 다른 사람의 집에는 가 본 적도 없는 스미스가 문득 피터가 어떻게 살고 있을지 궁금해지기 시작했어.

산업혁명 당시 대부분의 청소년들은 학교를 다닐 수가 없었단다. 학교는커녕 일터로 내몰려 장시간 노동으로 혹사를 당하기 일쑤였지. 산업화가 진행되면서 기계가 발명되고 많은 물건들이 빠르게 생산됐지만 가난한 사람들은 점점 더 늘어나기 시작했지. 학교에서 공부해야 할 학생들은 방치되고, 심지어 일터로 내몰리기도 했단다. 그래서 피터는 학교를 갈 수 없었던 거야.

　'우리 가족 말고 다른 사람들은 어떻게 지내고 있을까? 그 꼴 보기 싫던 피터도 막상 안 보이니까 궁금하네. 음…… 아! 좋은 생각이 떠올랐어.'

　피터는 마거릿 부인과 이야기를 하던 중 갑자기 밖으로 뛰쳐나갔어.

4 피터네 집

"모니카! 모니카!"

언제나 그랬듯 모니카는 스미스의 부름에 얼른 달려왔어.

"네, 도련님. 부르셨어요?"

"나 있잖아. 모니카네 집에 좀 가 봐야겠어."

"네?"

스미스의 엉뚱한 말에 모니카는 당황했지.

"모니카의 집에 간다고! 내일부터 열흘 동안 모니카는 휴가라고 했잖아. 오늘 저녁에 집에 갈 거지? 그때 따라갈 거야."

모니카는 너무 놀라 말을 잇지 못했어.

"저…… 저기요, 도련님……."

"왜? 싫어?"

"그게 아니고요. 마님께 또 혼나실 텐데요."

"아, 맞다. 그렇구나, 참……."

스미스도 뜻밖의 난관에 부딪힌 듯 잠시 망설였어.

"엄마 몰래 가는 건 어때?"

"안 돼요, 도련님! 그럼 도련님은 물론 제게도 경을 치실걸요!"

스미스는 자신 때문에 모니카까지 이 집에서 쫓겨날지도 모른다고 생각하니 엄마 몰래 모니카를 따라가는 일은 안 될 것 같았어.

"그럼, 엄마 허락만 받으면 되는 거지?"

"마님께서 괜찮다고 하신다면야……."

모니카의 말이 끝나기 무섭게 스미스가 마거릿 부인의 방으로 뛰어갔어.

"엄마! 엄마!"

"애가 오늘따라 왜 이리 호들갑이야."

책을 읽고 있던 마거릿 부인이 눈살을 찌푸리며 말했어.

"자고로 영국의 신사가 되기 위해서는……."

"방정한 품행과 너그러운 덕과 빼어난 지성과…… 이렇게 말씀하시려고 했죠? 저도 이제는 다 안다고요…… 히히!"

스미스는 마거릿 부인의 흉내를 내며 너스레를 떨었어.

"아이고! 다 아는 녀석이 매일 그렇게 촐랑거리며 다니니?"

마거릿 부인은 스미스의 머리를 살짝 쥐어박았어. 스미스는 아픈 시늉을 한 채 엄마의 눈치를 살피며 말을 꺼냈어.

"엄마, 그건 그렇고요."

"또 무슨 이야기로 엄마를 귀찮게 하려고!"

"헤헤…… 엄마 저 오늘 모니카랑 피터네 집에 가고 싶어요."

"뭐? 갑자기 거긴 왜?"

마거릿 부인은 조금 전의 모니카처럼 의아해했어.

"엄마가 그러셨잖아요. 피터와 좋은 친구로 지내라고."

'히히! 난 역시 똑똑해.'

스미스는 갑자기 그럴듯한 핑계거리를 생각해 낸 자신을 기특해했지.

"그래서?"

마거릿 부인이 되물었어.

"그러니까요, 이제 피터가 방직실에 나올 일이 없으니까 대신 제가 피터에게 찾아가서 좋은 친구가 되겠다는 거지요!"

스미스는 팔짱을 끼며 자신 있게 대답했어.

"에이, 요 녀석아! 피터가 있을 땐 못 잡아먹어서 안달이던 녀석이, 뭐? 좋은 친구? 스미스 너 또 무슨 꿍꿍이니?"

마거릿 부인이 예리한 눈초리를 보내자 스미스는 당황했지.

"정…… 정말이에요! 꿍꿍이 같은 거 없어요. 정말로 피터가 어떻게 지내는지 궁금해서……."

피터는 마거릿 부인의 날카로운 지적에 고개를 숙이며 말끝을 흐렸어. 한참 동안 말이 없던 마거릿 부인이 조용히 입을 열었어.

"피터네 집에 가면 여러모로 불편한 점이 많을 텐데, 그래도 괜찮겠니?"

"네?"

스미스는 고개를 번쩍 들며 되물었어.

"이 큰 집에서만 지내던 네가 낯선 곳에 가서 잘 지낼 수 있겠냐는 말이야."

"그럼요! 그럼 허락하신 거지요? 저 오늘 밤 모니카를 따라 피터네 집에 가도 되는 거지요?"

"이 녀석, 이 엄마와 떨어져서 열흘씩이나 보내는 게 그렇게 좋으니?"

"아니에요, 엄마. 엄마가 제일 보고 싶을 거예요. 헤헤!"

"자, 그럼 뭘 챙겨야 하지? 열흘이나 그 집에 가 있으려면 음식도 많이 챙겨야겠고, 코코아랑, 치즈랑……."

"네? 그런 건 왜요?"

"거기 가서 식사는 안 할 셈이니?"

"에이 엄마도 참! 그런 건 집에 다 있는 거잖아요."

"이래서야 엄마가 마음 편히 널 보낼 수 있겠니? 피터네 집은 우리와 많이 다르단다. 집에서의 생활을 기대해서는 안 돼."

그러나 스미스는 이런 마거릿 부인의 말을 이해할 수가 없었어.

드디어 모니카가 집안일을 모두 마치고 집에 갈 시간이 되었어.

"모니카!"

"네, 마님."

"스미스 이 녀석은 벌써 모니카 옆에 붙어 있구나?"

"그럼요! 엄마 마음이 바뀌어서 모니카만 집에 보내실까 봐 저녁 무렵부터 모니카를 졸졸 쫓아다녔는걸요. 히히!"

"원, 녀석 걱정 안 해도 된다. 그나저나 모니카. 오늘은 마차를 타고 가도록 해. 스미스가 걸어가기엔 너무 먼 거리이고, 짐도 많으니 말이야."

"네, 마님."

"그럼 오랜만에 집에 가서 잘 쉬다 오렴."

"네, 다녀오겠습니다."

"엄마! 다녀올게요. 쿰! 안녕…… 나 없는 동안 우리 집 잘 지켜."

스미스는 태어나서 처음으로 집을 떠나 다른 곳에서 잠을 잔다는 생각에 마음이 들떠 있었어.

"헉! 웬 짐이 이렇게 많아?"

마차에 올라탄 스미스는 깜짝 놀랐고, 모니카는 부끄러운 듯 대답했어.

"저희 집이 워낙 변변치 않아서 도련님께서 지내시려면 챙길 것들이 많거든요."

스미스는 다들 왜 이렇게 유난스러운지 이해할 수 없었지만, 어쨌든 싱글벙글 즐거운 마음으로 피터네 집으로 출발했단다.

스미스는 마차에서 깜빡 잠이 들었어. 한참을 자고 일어났는데도 마차는 아직 달리고 있었지.

"아흠…… 어? 아직도 도착 못한 거야? 꽤 머네. 그나저나 모니카는 만날 이 거리를 걸어서 다녔단 말이야?"

"한 달에 한 번인데요, 뭐."

모니카는 별것 아니라는 듯 대답했어. 고작 한 달에 한 번밖에 집에 못 간다는 소리를 듣고 나니 모니카가 안됐다는 생각도 들었지만 스미스는 또다시 잠이 쏟아져서 더 이상 아무 생각도 할 수가 없었어.

"아흠…… 나는 좀 더 자야겠어. 도착하면 깨워 줘."

"네, 도련님."

5 부자 나라가 되어야 해

"도련님, 도착했어요. 일어나세요."

스미스는 도착했다는 소리에 눈을 번쩍 떴지.

"어디? 어디에 집이 있는데?"

"저, 여기요."

모니카는 자신 없는 목소리로 대답했어.

"여기?"

스미스는 깜짝 놀랐단다. 스미스가 생각하는 집은 기본적으로 마당, 마구간, 목장과 식당…… 등이 있어야 하는데, 피터네 집은! 스미스네 집의 마구간보다도 작고 허름했어. 나무로 지은, 다 썩어서 곧 무너질 것만 같은 집. 마당에는 쥐들만 찍찍거리고, 깨진 유리창으로 바람이 숭숭 다 들어갈 것만 같았지. 자신의 집과 너무 다른 이곳이 피터와 모니카가 살고 있는 집이라는 사실에 스미스는 당황했고, 문 앞에 서서 한참 동안 아무 말도 하지 못했지.

"피터! 피터 있니?"

모니카가 집 안을 향해 소리쳤어.

"엄마? 엄마 오셨어요?"

피터가 반갑게 뛰어나왔어.

"스미스 도련님도 함께 오셨단다. 어서 문 열어라."

"네? 도련님이요?"

피터는 스미스가 왔다는 말에 깜짝 놀란 듯했어. 그리고 피터와 스미스는 서로 멀뚱멀뚱 쳐다보고만 있었지.

"피터 뭐하니? 어서 도련님께 인사드려야지."

모니카가 피터의 옆구리를 쿡쿡 찌르며 눈치를 줬어.

"도…… 도련님 오셨어요?"

스미스는 피터의 어색한 인사를 눈치 채지 못했어. 왜냐하면 문이 열린 집 안은 더욱 충격적이었거든. 왜냐고? 스미스의 집에 있는 물건들 중 그 어떤 것도 피터네 집에는 없었거든. 이런 낯선 광경에 스미스는 집 안에 들어가서도 재킷을 어디에 벗어 두어야 할지, 어디에 앉아야 할지 몰라서 어정쩡하게 서 있기만 했지.

"도련님, 옷 주시고요. 여기에 잠시만 앉아 계세요. 따뜻한 것을 내올게요."

"어? 응. 고마워⋯⋯."

모니카의 시중에 스미스는 고맙다는 인사를 했지. 10년 넘게 자신을 돌봐 온 모니카에게 처음으로 고맙다는 말을 한 것이란다. 밤낮없이 자신의 시중을 들며 열심히 일했는데도 이런 집에서 살수밖에 없다니. 스미스는 잘 이해가 안 되면서 모니카가 참 안됐다는 생각이 들었어.

"도련님, 간식 드셔야지요."

모니카가 코코아와 비스킷을 갖다 주었어. 간식은 물론 유리컵, 쟁반까지 모두 스미스의 집에서 가져온 것들이었지.

"시간이 너무 늦었으니 어서 주무셔야 할 텐데⋯⋯."

모니카는 스미스의 집에서 가져온 스미스의 매트와 이불을 들고 마땅한 자리가 없어서 서성이고 있었어.

"아무데나 깔아 줘. 모니카, 나 씻어야 하는데."

"아, 그게요…… 도련님."

모니카는 당황해했어.

"오늘 도련님이 오실 줄 모르고 피터가 물을 길어 놓지를 않아서…… 내일 아침 일찍 물을 길어 놓도록 할게요."

모니카는 매우 미안한 듯 어쩔 줄 몰라 했어.

"그래, 알겠어."

스미스는 자리에 누웠지. 침대도 없고, 바람이 많이 들어오는 집에서 잠들기란 쉽지 않았어.

스미스의 방보다 작은 피터의 집에 누워 있으면서 스미스는 느끼는 바가 많았던 모양이야. 같은 사람, 같은 나이인데 왜 이렇게 다른 집에서 살아야 하는지 궁금해지기 시작한 거지.

"피터, 자?"

"……"

피터는 아무 대답도 하지 않았어.

"자는구나……"

"아니, 아니……요. 안 자……요."

피터는 어색한 존댓말을 쓰며 대답했어.

"우리 친구 할까?"

"네?"

"우린 나이도 같은데 뭘. 그리고 이젠 네가 우리 집에서 일하는 것도 아니고, 그냥 친구 하자."

스미스는 어느새 피터에게 미운 마음보다는 측은한 마음이 들기 시작했어.

"엄마가 아시면 야단 치실 텐데……."

"모니카한테는 내가 잘 말할 테니까 우리 친구 하자. 너도 알다시피 나는 쿰 말고는 친구가 없잖아."

"나도 친구가 없기는 마찬가지인데…… 근데 정말이지? 나중에 딴말하기 없기다?"

"당연하지! 히히!"

그날 밤 그렇게 스미스와 피터는 둘도 없는 친구가 되었단다.

다음 날 아침.

눈을 떠 보니 집에는 스미스뿐이었어.

"모니카! 피터!"

아무도 대답이 없었지.

"다들 어디 간 거지?"

그때 피터가 조용히 들어왔어.

"에잇, 오늘도 허탕이네."

"피터, 어디 다녀오는 거야?"

"일어나셨어요?"

피터는 또 어색하게 존댓말을 썼어.

"야, 야! 우리 어젯밤에 친구 하기로 했잖아."

"아, 맞다! 깜빡했어. 히히!"

피터는 멋쩍은 웃음을 지으며 대답했어.

"그나저나 어디 다녀오는 길인데? 뭐가 허탕이라는 거야?"

"일자리를 구하러 갔었어."

"일자리? 그냥 집에 있으면 안 돼? 공부도 해야 하잖아."

"공부? 우리는 그런 거 못해. 나가서 돈을 벌지 않으면 당장 오늘부터 저녁 식사를 못할 수도 있다고."

"밥 먹는 걸 걱정해야 한단 말이야? 너희 아버지도 일을 하고 계시다고 했잖아."

"아빠가 도시에서 일을 하셔서 돈을 보내 주시지만, 매우 적은 돈이야. 이곳 농촌에는 더 이상 일거리가 없기 때문에 도시로 일자리를 찾아 떠나신 거야. 그러나 그곳에서도 일하는 시간에 비해 매우 적은 돈을 받고 있어. 사실 우리 가족뿐만 아니라 대부분의 사람들이 그렇게 살고 있어. 스미스 너희 집 같은 몇몇 부자들 빼고는 말이야."

아까도 말했지만 전통적인 수공업 기술을 사용하던 노동자들은 설자리를 잃게 되었단다. 따라서 먹고 살기가 더욱 힘들어졌지. 일자리를 잃은 사람들이 많아지면서 회사의 사장들은 적은 돈으로도 사람들을 실컷 부릴 수 있게 되었어. 어느 정도였냐 하면 12시간에서 20시간 동안 살인적인 노동을 시키면서, 월급은 제대로 주지 않아서 노동자 가정은 정상적인 생활을 유지할 수가 없었지.

"……."

스미스는 순간 할 말이 없었어. 피터는 스미스의 기분을 눈치채고는 위로의 말을 던졌어.

"부자들이 나쁘단 소리는 아냐! 모두가 잘살 수 없다는 게 슬플 뿐이지!"

피터는 의기소침해져 있는 스미스를 다독였어.

"나는 이렇게 하루하루 먹을 것을 걱정하며 사는 사람이 있을 거라고는 상상도 못했어. 네 말대로 모두가 잘살 수는 없을까? 부잣

집이 따로 있는 게 아니라 모두가 잘사는 부자 나라 말이야!"

"그거 좋은 생각이다, 부자 나라!"

중상주의와 《국부론》

부자 나라 이야기의 배경은 무엇일까요?

애덤 스미스가 부자 나라 이야기(《국부론》)를 쓰게 된 가장 큰 이유는 영국의 무역 정책에 대한 고집 때문이었습니다. 당시 영국 정부는 중상주의를 중요하게 생각하고 있었습니다. '중상주의'란 상업을 통해 부자가 되는 것을 말합니다. 물론 당시 상업은 국내에서의 상업이 아니라 외국과의 상업, 즉 무역이었답니다.

영국은 이렇게 무역을 통해 부자가 되는 것이 목적이었습니다. 그럼 무역을 하면 어떻게 부자가 될 수 있는 것일까요? 영국 정부는 무역으로 번 돈을 금이나 은으로 받기를 원했습니다. 금과 은을 많이 모으면 부자 나라가 된다고 믿었기 때문이죠.

거기다 영국 정부는 더 많은 돈을 벌 수 있는 방법을 궁리했습니다. 그 방법은 다른 나라보다 싸게, 많이 파는 것이었고 이를 위해서는 물건의 생산 원가를 낮추어야 했습니다. 결국 영국 정부는 노동자들에게 돈을 적게 주는 방법을 택했습니다.

영국의 노동자는 이러한 정책으로 많은 고통을 받았습니다. 노동자의 월급은 깎였고, 노동 시간은 더 늘어났습니다. 생산비를 줄이기 위해 노동자들의 임금과 시간을 착취한 것입니다.

영국 정부는 이렇게 적은 생산비로 물건을 만들어 외국에 팔았습니다. 반면 다른 나라의 물건을 수입하는 것은 정책적으로 금지했습니다. 수출을 통해 벌어들인 금이나 은을 외국에 다시 내보내지 않겠다고 생각한 것이죠. 이렇게 영국은 벌기만 하고 쓰지는 않는 방법으로 부자 나라가 되기로 했답니다.

이 당시에는 영국뿐 아니라 다른 나라들도 정부에서 모든 것을 통제하는 중상주의를 펼쳤습니다. 그래서 영국 정부는 더 많은 이익을 남기기 위해서, 국내 산업은 보호하고 다른 나라의 물건을 수입하는 것은 아주 강하게 통제했답니다.

그러나 다른 나라에 물건을 많이 팔아 부자가 되고 싶은 것은 영국만이 아니겠죠? 그래서 영국은 다른 나라를 침략하여 식민지를 만들었습니다. 이런 식민지 정책은 영국을 '해가 지지 않는 나라'로 만들었답니다. 그만큼 영국의 식민지가 많았다는 뜻입니다.

영국은 식민지 나라에서 물건을 만드는 원료를 싸게 구입하고, 그것으로 제품을 만들어 또다시 식민지 나라에 비싸게 되팔았습니다. 그렇게 하면 무역으로 많은 돈을 벌 수 있겠죠? 하지만 영국은 부자 나라가 되지 못했습니다.

　그 이유는 식민지를 만들기 위해 너무나 많은 전쟁을 했기 때문입니다. 결국 노동자를 착취해 만든 물건으로 번 돈을 모두 전쟁에 뿌린 셈이죠. 또한 식민지를 유지하고 보호하는 것에도 많은 돈이 필요했던 것입니다.

　영국의 노동자들은 자신이 피땀 흘려 번 돈으로 식민지 사람들만 잘 먹고 잘산다는 생각을 하게 되었고, 결국 데모와 폭동으로 영국 정부에 대항했습니다. 이런 배경 속에서 스미스의 '부자 나라 이야기'는 나라에서 경제를 강하게 통제하는 것에 대해 새로운 방향을 제시한 것입니다.

　스미스는 부자 나라 이야기에서 먼저 중상주의가 갖고 있는 모순을 파헤쳤습니다. 그리고 어떻게 하면 그 위기에서 벗어날 수 있을까, 어떻게 하면 '모두가 잘사는 부자 나라'라는 새로운 사회를 건설할 수 있을까에 대한 방향을 제시했답니다.

2

피터를 돕자

 한 사람의 부자가 있기 위해서는 오백 명의 빈자가 있어야 한다.

−애덤 스미스

1 머리핀 프로젝트

"그나저나, 피터. 부자 나라는 둘째치고 일단 나는 너희 집이 좀 부잣집이 되었으면 좋겠는데."

"하하! 그렇게 된다면야 뭘 더 바라겠냐? 부자까지는 생각지도 않으니 당장 끼니 걱정이나 없이 살 수 있었으면 좋겠어."

"매일 그렇게 일자리를 구하러 나갔다가 허탕 치지 말고 우리 뭔가 함께 할 수 있는 일을 생각해 보자."

"함께? 스미스 너도?"

"어허! 지금 이 스미스 형님을 무시하는 거야? 스미스 형님의 파워를 무시하는 네 이놈! 정의의 이름으로 용서하지 않겠다! 얍!"

"어허! 네가 이 피터 장군에게 결투를 신청한다, 이거냐? 좋아! 덤벼라! 본때를 보여 주지! 얍! 얍!"

스미스와 피터는 주변에 잡히는 물건을 손에 쥐고 칼싸움 놀이를 시작했어.

"얍! 얍!"

"피터! 뭐하는 거야?"

순간 모니카가 들어와서 피터를 야단쳤어.

"아냐, 모니카. 우리 그냥 장난 친 거야."

"아니, 그래도 그렇지. 어떻게 도련님께……."

"이것 봐, 나만 혼날 줄 알았어."

피터는 스미스를 흘겨보며 말했어.

"큭큭…… 미안."

스미스도 장난스럽게 말했지.

"피터, 엄마 시장에 좀 다녀올 테니까 도련님께 까불지 말고 얌전히 있어."

모니카가 나가자 스미스가 좋은 생각이 난 듯 말했어.

"그래! 시장! 바로 그거야."

"시장? 시장이 뭘 어쨌다고?"

"우리도 시장에 가서 물건을 파는 거야."

"장사를 하자고? 물건이 있어야 장사를 하지."

피터는 시큰둥했어.

"아, 물건. 음…… 바로 이거야? 이거!"

스미스는 칼싸움을 하느라 손에 쥐고 있던 머리핀을 가리키며 말했어. 스미스의 짐을 싸면서 딸려 온 마거릿 부인의 머리핀이었지.

"머리핀?"

"응! 머리핀! 머리핀을 만들어서 시장에 내다 팔자. 머리핀은 여자들이 좋아하는 물건이잖아. 비싸지만 않다면 많은 사람들이 살 거야! 이름하여…… 음……."

스미스는 천장을 쳐다보며 곰곰이 생각했지.

"머리핀 프로젝트! 어때?"

"하하! 그거 좋다. 머리핀 프로젝트! 피터, 찬성한 거지?"

그때 장바구니를 두고 간 모니카가 다시 들어왔어.

"피터, 뭐가 그렇게 좋아서 키득거리는 거니? 도련님 무슨 일 있었어요?"

"아니야, 모니카. 큭큭······."

"아무것도 아니에요, 엄마."

그리고 피터는 스미스 귀에 대고 조용히 말했지.

"스미스 너만 믿는다, 큭큭!"

2 머리핀 만들기

스미스와 피터는 모니카가 나가자 '머리핀 프로젝트' 계획을 짜느라 바빠지기 시작했어. 모니카는 모처럼 스미스네 집으로부터 휴가를 얻었지만 한 푼이라도 더 벌기 위해 집 근처 방직 공장에 나가 일을 한다고 했어. 둘만 남자 스미스와 피터는 머리를 맞대고 종이에 여러 가지 머리핀 모양을 그려 보았어.

"머리핀 종류는 이 정도면 되지 않을까?"

피터가 물었어.

"응! 그리고 이제 이 머리핀을 만들기 위해 어떤 과정이 필요할지 생각해 보자."

"먼저 머리핀의 부품이 필요해."

"맞아, 부품을 연결해서 머리핀을 완성해야겠지? 그럼 부품은 어디서 구하지?"

스미스가 물었어.

"원하는 모양을 설명하면 부품 공장에서 철을 이용해 그 모양대로 부품을 만들어 줄 거야."

"아, 그렇구나. 그럼 이 디자인을 가지고 부품 공장에 들러서 부품을 만들고, 다시 그 부품을 조립해 핀을 만든 다음 시장에 내다 팔고…… 히야, 생각보다 할 일이 많네?"

스미스가 머리를 긁적이며 말했어.

"그러게! 하지만 '싸나이'가 한번 마음을 먹었으면 못할 일이 없지! 얼른 움직여 보자!"

피터가 디자인 종이를 들고 일어서며 말했어.

"먼저 부품 공장으로 가야겠지?"

스미스와 피터는 부품 공장으로 향했어.

"조지 아저씨, 안녕하세요?"

"어! 피터구나. 무슨 일이냐?"

공장 아저씨와 피터는 아는 사이인 듯 인사를 나누었어.

"저기, 이것 좀 봐 주세요."

피터는 머리핀이 그려진 종이를 내밀며 말했어.

"이걸 좀 만들어 보고 싶은데요, 여기 그려진 모양의 부품들이 필요하거든요. 이걸로 머리핀을 만들어서 저희들이 장사를 좀 해 보려고요."

피터는 종이 위에 그려진 부품을 가리키며 아저씨에게 열심히 설명했어.

"어허, 총각들! 이게 그렇게 간단한 작업이 아니에요. 내일 오후쯤은 되어야 부품이 나올 것 같은데."

스미스와 피터는 실망한 기색이 역력했지만 어쩔 수 없이 내일 부품을 찾으러 다시 오기로 하고 공장을 나왔어.

"공장에서 만들어야 하는 부품 말고 또 필요한 게 뭐 있었지?"

스미스가 물었어.

"머리핀을 장식할 작은 구슬이나 고무줄은 특별히 주문하지 않아도 여기서 살 수 있을 거야."

피터의 말대로 나머지 물건들은 시장에서 구입할 수 있었어. 스미스와 피터는 날이 어둑해져서야 집에 돌아왔지.

"피터! 도련님 모시고 어딜 그렇게 돌아다니는 거야?"

모니카는 눈살을 찌푸리며 피터를 야단쳤어.

"피터가 그런 거 아니야. 어, 음…… 내가 피터한테 시장을 좀 구경시켜 달라고 했어. 그…… 그렇지, 피터?"

스미스는 피터의 옆구리를 찌르며 말했어.

"어? 응. 아니, 네…… 맞아요. 엄마 도…… 도련님이 시장에 가 보고 싶다고……."

"아무튼 피터 너어!"

모니카는 피터에게 한바탕 잔소리를 하고는 잠자리에 들었어. 하지만 피터와 스미스는 그저 재미있기만 했어.

"휴우, 다행이다. 히히!"

"하여튼 도련님, 너 때문에 내가 못살아!"

그리고 다음 날.

이불 속에서 모니카의 눈치만 살피던 스미스와 피터는 모니카가 나가자마자 재빨리 이불을 박차고 일어났어. 머리핀 프로젝트의 첫 번째 과제! 부품을 찾으러 가야 했거든.

"똑똑!"

"아저씨! 조지 아저씨!"

"아흠! 이 시간에 누가……."

조지 아저씨는 방금 잠에서 깬 모양으로 눈을 비비며 스미스와 피터를 맞았어.

"이쿠, 너희들이구나? 아흠!"

조지 아저씨는 아직 잠이 덜 깬 듯 연신 하품을 하셨지.

"아저씨! 어제 말씀드린 부품이요. 그거 다 됐나요?"

피터가 궁금한 마음에 얼른 부품 이야기부터 꺼냈어.

"오후에나 된다고 얘기했잖니?"

무섭게 인상을 쓰며 말하던 조지 아저씨가 갑자기 표정을 바꿔 장난스럽게 웃었어.

"여기 있다. 너희들이 장사를 한다는 생각이 기특해서 먼저 만들어 놨지. 그래 장사는 잘될 것 같니?"

"그럼요…… 그리고 감사합니다. 그나저나 아저씨 안녕히 주무셨어요?"

피터는 그제야 아저씨께 아침 인사를 했어.

"이 녀석! 빨리도 묻는구나?"

"히히! 죄송해요. 그럼 좀 더 주무세요. 아저씨 안녕!"

스미스와 피터는 조지 아저씨에게 부품을 받아, 서둘러 집으로 돌아왔어.

"조립은 금방 할 수 있을 거야. 오늘은 꼭 머리핀을 완성해서 시장에 갔다 팔도록 하자."

스미스가 부품들을 풀어 놓으며 말했어.

피터와 스미스는 땀을 뻘뻘 흘리면서 부품들을 조립했단다. 웬일로 떠들지도 않고, 장난 치지도 않고 말이야.

그런데…….

"헥헥. 스미스! 벌써 해가 다 졌어. 오늘 시장에 나가는 건 무리일 것 같아."

"헉, 정말이네? 고작 다섯 개밖에 만들지 못했잖아."

스미스와 피터가 머리핀 만들기에 열을 올리고 있을 때 이미 해는 져 버리고 어두운 밤이 돼 버렸지.

"이대로는 안 되겠어!"

스미스가 대단한 결심이라도 한 듯 말했어.

"머리핀 하나를 만드는 데 이렇게 시간이 오래 걸리다니, 어느 세월에 시장에 나가고 어느 세월에 돈을 벌 수 있겠어?"

"그럼 이제 와서 포기하자고?"

"물론! 포기할 수는 없지! 좀 더 좋은 방법을 생각해 보자!"

"둘만 해서 이렇게 오래 걸린 건가? 옆집의 마틴이랑, 그 옆 집의 폴도 일자리가 없어서 쩔쩔 매고 있나 본데…… 걔네들한테 같이 하자고 할까?

"아냐, 사람이 많아진다고 속도가 빨라질 것 같지는 않아. 핀 하나 만드는 데 이틀씩이나 걸려서야, 원……."

"그럼 어떻게 하는 게 좋을까."

스미스와 피터는 골똘히 생각에 잠겼어.

"그렇지! 피터! 아까 말한 그 친구들 모두, 내일 아침 일찍 모일 수 있는 거야?"

"그렇긴 한데, 사람이 많아도 달라질 게 없다고 했잖아?"

"우르르 몰려다니며 같은 작업을 하면 달라질 게 없지."

"모두 같은 작업을 하지 않으면?"

피터가 물었어.

"그러니까, 모두 머리핀을 만드는 일을 하는 건 맞는데, 그 안에서 하는 일을 나누자는 거지."

"나눠? 일을?"

피터는 스미스의 이야기에 귀를 쫑긋 세웠어.

"응! 우리 둘이서 일을 하다 보니까 공장에서 부품을 주문하는데 하루, 그 부품을 찾아오는 데 하루, 또 부품을 조립하는 데 하루…… 핀 하나를 완성하는 데 너무 오래 걸리잖아."

"맞아! 하루에 하나도 완성을 할 수가 없어."

피터는 부품을 만지작거리며 투덜거렸어.

"응! 그러니까 그 친구들이 모두 함께 일을 할 수 있다면, 예를 들어 마틴이라는 아이는 부품을 제작하는 일을 맡고, 폴이란 아이는 머리핀 장식에 필요한 다른 부품을 사오고, 피터 너는 집에서 부품을 조립해서 머리핀을 완성하는 일을 하는 거야. 또 나는 시장에 나가서 물건을 팔고…… . 이런 식으로 각자 할 일을 나누는 거야. 그렇게 하면 하루에 수십 개도 만들어 낼 수 있을 거야."

실제로 처음에 이야기한 《국부론》을 쓴 애덤 스미스라는 철학자는 이 책에서 핀 공장에서 이루어지는 분업을 통해 분업의 장점을 이야기했단다. 핀 공장에 근무하는 사람이 모든 공정을 담당한다면 불과 몇 개의 핀밖에 만들 수 없겠지만 여러 사람들이 일을 나누어서 한다면 핀 공장의 생산성은 현저히 높아질 거라는 거지. 분업을 통해 경제 발전을 이루려 한 거야.

여러 사람이 일을 분담하여 핀을 만드는 이러한 과정을 '분업'이라고 한단다. 애덤 스미스는 이렇게 하면 기능이 개선될 거라고 믿었고, 시간도 절약되고 결국에는 더 좋은 기계가 발명될 거라고 생각한 거지. 자, 그 분업의 장점이 무엇인지 피터와 스미스, 친구들의 이야기를 통해 좀 더 살펴볼까?

"우아, 그거 신기하다!"

피터가 탄성을 질렀어.

"피터! 내 말이 무슨 뜻인지 이해했구나?"

"아니 그건 아닌데, 어쨌든 하루에 하나 만들기도 힘들던 것이 하루에 수십 개를 만들 수 있다니까 좋잖아. 헤헤……."

"하하하! 그래그래! 분명 그렇게 될 수 있을 거야."

3 다섯 명의 머리핀 장사꾼

다음 날.

스미스와 피터, 그리고 피터가 말했던 마틴과 폴, 폴의 쌍둥이 동생 잭까지 총 다섯 명이 피터의 집에 모였어. 먼저 스미스가 인사를 했지.

"안녕, 나는 스미스라고 해. 피터의 친구야. 너희들도 피터에게 이야기를 들었겠지만, 나는 너희들과 함께 머리핀을 만들어서 시장에 팔아 보려고 해. 이름하야 '머리핀 프로젝트!' 라고 할 수 있지."

"그럼 먼저 시장에 가야겠네? 뭐해? 얼른얼른 움직이자고!"

스미스의 말이 끝나기도 전에 마틴이라는 아이는 벌떡 일어나서 다른 아이들을 재촉했어.

"잠깐만, 내 얘기를 끝까지 들어 봐. 물론 머리핀을 만든다는 점에서는 우리 모두 같은 일을 하고 있지만, 사실 이제부터 우리는 각자 다른 일을 하게 될 거야."

"같은 일을 하는데 다른 일을 한다고?"

"그런 게 어디 있어? 말도 안 돼."

다들 스미스가 엉뚱한 소리를 한다고 생각했지.

"조용히 하고 스미스의 말을 끝까지 들어 봐."

피터가 말했어.

"그래, 내 얘기를 끝까지 들어 봐. 피터와 나는 그저께부터 머리핀을 만들기 시작했어. 머리핀 모양을 구상하고, 그에 필요한 부품을 공장에 주문하고, 공장에 주문한 부품 외에 또 필요한 부품을 구입하고, 부품들을 조립해서 머리핀을 만들고……. 이틀 동안 정말 열심히 일했지."

"그래서? 그래서 돈을 얼마나 벌었어? 많이 벌었겠다!"

마틴이 또 끼어들며 호들갑을 떨었지.

"그래. 이틀 동안 일을 했으면 머리핀을 많이 만들어서 돈도 많이 벌었을 것 같은데, 실은 단 한 푼도 벌지 못했어. 왜냐하면 시장에 들고 나갈 만큼의 머리핀을 만들지 못했거든."

"우리보고 그런 일을 하라는 거야? 이틀 동안 한 푼도 벌 수 없는 일을?"

아이들은 화를 내며 일어서려고 했어.

"우리 둘이서는 이틀 동안 한 푼도 벌 수 없었기 때문에 너희들을 부른 거야. 아까 말한 머리핀을 만드는 데 필요한 여러 과정을 각각 하나씩만 맡아서 열심히 한다면 분명 엄청난 양을 만들어 낼 수 있을 거야. 그건 곧 돈으로 연결될 테고."

다들 스미스의 말을 이해한 것처럼 보이지는 않았지만, 돈을 많이 벌 수 있다는 말에는 눈이 휘둥그레졌지.

"예를 들어 한 사람이 머리핀을 하루에 다섯 개 만들 수 있다고 한다면, 다섯 명이면 하루에 총 스물다섯 개의 머리핀을 만들 수 있겠지? 하지만 내가 생각하는 방법대로라면 우리는 하루에 백 개의 머리핀도 만들어 낼 수 있을 거야."

"긴 말 필요 없고, 그럼 뭘 어떻게 하면 되는데?"

이쯤 되면 다들 눈치 챘겠지만, 마틴은 성격이 매우 급한 아이였어.

"그건 내가 설명해 줄게."

피터가 이야기를 시작했어.

"마틴! 너 시장 입구에 있는 부품 공장 알지?"

"알지, 조지 아저씨가 있는 곳 말이지?"

"응! 너는 거기에 가서 매일 부품을 받아 오면 돼. 물론 새로운 부품이 필요할 때는 내가 그림을 그려 줄 테니까 갖다 드리기만 하면 되고."

"그것만 하면 된단 말이야?"

"응!"

"별것 아니네, 뭐!"

마틴은 어깨를 으쓱해 보이며 말했지.

"그리고, 폴. 너는 작은 구슬이나, 고무줄 따위를 시장에서 사오도록 해. 매일 말이야."

"그리고 또?"

폴이 물었어.

"그것만 하면 돼. 매일 시장에 나가서 머리핀을 장식할 만한 것들을 사오면 돼. 그리고 잭, 너는 마틴과 폴이 구해 온 부품들을 내가 그려 준 그림에 맞게 조립하면 돼. 그럼 완성된 물건을 스미스가 시장에 갖고 나가서 팔게 될 거야."

"각자 그렇게 한 가지 일만 하면 된단 말이야?"

다들 의아한 듯 물었지.

"응. 내가 말해 준 일만 차질 없게 해 낸다면 다섯 명이서 각자 머리핀을 만드는 것보다 훨씬 많은 양을 생산해 낼 수 있을 거야. 자, 그럼 움직이자!"

"응, 좋아! 해 보자!"

그렇게 다섯 명은 각자 자신의 맡은 일을 처리하기 위해 일사불란하게 움직였지. 그 결과!

"스미스! 여기 완성된 머리핀들이야. 이 정도면 시장에 갖고 나갈 만큼은 되겠지?"

네 친구가 스미스에게 자랑스럽게 내민 머리핀의 양은 상상 이상이었어.

"나는 아까 부품 공장 다녀와서 시간이 좀 남더라고. 그래서 조지 아저씨한테 잠시 후에 한 번 더 오겠다고 말씀드리고 계속 공장과 집을 왔다 갔다 하면서 부품을 계속 공급했지."

마틴이 머리를 긁적이며 말했어.

"이게 도대체 몇 개야? 너희들 정말 대단하다! 내 생각에는 아마도 스미스가 이걸 다 못 팔고 돌아올 것 같은데? 히히!"

피터와 친구들은 두 개의 바구니를 가득 채운 머리핀을 세면서 스미스를 놀렸어.

"물건 파는 건 나한테 맡겨. 너희들이 각자 맡은 일에 최선을 다해서 머리핀을 만들고 있을 때, 나는 오로지 어떻게 하면 물건을 많이 팔 수 있을까 궁리했으니까!"

스미스는 어깨를 으쓱해 보이며 바구니를 건네 받았지.

"그나저나 스미스, 머리핀을 하나에 얼마씩 받을 생각이야?"

피터가 물었어.

"음…… 이렇게 하면 되지 않을까? 리본 달린 것, 구슬 달린 것, 고무줄 들어간 것 모두 각각 들어간 재료 값이 다르니까 그 재료 값을 계산하고, 거기에 우리 다섯 명의 노동력에 대한 비용을 추가하려고 해. 처음에는 다시 재료를 사야 하니까 너희들에게 머리핀을 판 돈을 줄 수 없겠지만 그 다음부터는 돌려줄 수 있을 거야. 정확히 5로 나눠서 말이지"

"참, 그리고 너희들 내가 시장에 나간다고 해서 놀면 안 돼."

"당연하지. 내일 아침에 시장에 가지고 나갈 물건을 미리 만들어 놓으려면 우리도 쉴 틈이 없는걸? 자자, 다들 뭐해? 얼른얼른 움직이자고!"

투덜거리던 마틴은 어느새 작업 반장이 돼서 아이들을 재촉했어.

"나 이거야 원, 치사해서 못하겠네. 스미스가 말도 안 되는 소리 한다고 집에 가려고 했던 사람이 누구더라?"

조용하던 잭도 기분이 좋아졌는지 능청스럽게 장난을 쳤어.

"야야! 그…… 그거야, 그거야 내가 잘 몰랐을 때 얘기고…… 흠! 저, 난 조지 아저씨한테 가 봐야겠어. 부품이 얼마나 완성되었으려나…… 으흠!"

마틴은 얼굴이 새빨개져서는 문을 나섰어. 그렇게 시장에 나간 스미스까지 모두 최선을 다해 자신이 맡은 일들을 해 냈지.

4 머리핀 프로젝트의 성공

"얘들아, 나 왔어!"

저녁 때가 되어서야 스미스가 문을 두드렸지.

"어, 스미스가 왔나 봐! 물건을 얼마나 팔았을까? 혹시 머리핀을 그대로 가져온 건 아닐까? 그럼 안 되는데……."

잭이 걱정스런 눈빛으로 말했어.

"야! 넌 꼭 그렇게 재수 없는 소리를 하더라. 첫날이니까 많이 못 팔았을지도 모르잖아. 그래도 우리 너무 실망하지 말자."

폴 역시 내심 걱정스런 눈빛으로 말했어.

"샨!!!"

조마조마해하고 있는 폴, 잭, 피터와 마틴 앞에 스미스가 머리핀 바구니를 내밀었지.

"우아!"

머리핀 바구니를 바라본 모두가 탄성을 질렀어. 바구니에는 머리핀 대신 지폐와 동전이 가득했거든.

"스미스! 이걸 전부 다 판 거야?"

피터가 물었어.

"그럼! 다 팔았으니까 머리핀 대신 돈이 들어 있는 것 아니겠어?"

"우아, 대단하다! 그럼 이 돈 전부 나눠 가지면 되는 거야?"

피터는 돈을 보자 눈에서 빛이 나는 것 같았어.

"그런데 오늘은 너희들한테 돌아갈 몫이 얼마 안 될 것 같아. 오늘 머리핀을 만들며 들어간 재료 값이랑 내일 내다 팔 머리핀에 대한 재료 값은 충분할 것 같은데……."

많은 돈을 줄 수 없다는 말에 마틴은 또 투덜거리기 시작했어.

"잘 들어 봐. 오늘은 우리가 장사를 시작한 첫날이잖아. 우리는 어차피 내일 또 같은 곳으로 장사를 나갈 테고. 그렇다면 첫날은

'여기서 예쁜 머리핀을 팝니다'라고 홍보를 해야 하지 않겠어? 오늘 첫 장사에 백 명도 넘는 사람들이 우리 머리핀을 사 갔으니까 아마 금세 소문이 날 거야. 그러면 오늘보다 더 많은 머리핀을 팔 수 있을 테고, 오늘처럼 물건 하나당 1실링의 노동비만 붙여 팔더라도 100개면 100실링이니까 5파운드, 200개면 10파운드, 300개면 15파운드…… 그만큼 우리한테 돌아오는 몫도 늘게 될 거야."

참고로 당시 20실링은 지금의 1파운드 정도란다. 그런데 1파운드가 얼마냐고? 1파운드를 한국 돈으로 환산하면, 어디 보자……, 한 1,800백원쯤 되는구나. 어때, 이제 감이 좀 잡히지? 네 친구들의 말을 계속 들어볼까?

"사실 그게 무슨 말인지 잘은 모르지만 암튼 나는 스미스 말이 맞는 것 같아. 결론은 내일은 더 많은 머리핀을 시장에 갖고 나가서 더 많은 돈을 벌어올 수 있다는 거지, 스미스?"

"맞아! 그럼 우리에게 돌아오는 몫도 그만큼 많아질 거야."

"응? 그런 거야? 그럼 어서 빨리 일하자!"

변덕쟁이 마틴의 재촉으로 피터네 집은 밤늦도록 불이 켜져 있었지.

그리고 스미스의 예상은 적중했어. 머리핀을 시장에 갖고 나간 첫날 100개의 머리핀을 팔았고, 다음 날은 200개, 그 다음 날은 300개의 머리핀을 팔 수 있었지. 그렇게 다섯 명의 친구들은 바쁘지만 행복한 하루하루를 보내고 있었어.

그러던 어느 날! 이 멋진 머리핀 프로젝트에 거대한 장애물이 생긴 게 아니겠어?

5 가격은 자유롭게 정해야 해

"아저씨, 그건 머리핀에 없어서는 안 되는 부품이란 말이에요."

스미스는 조지 아저씨에게 사정을 하고 있었어. 원래 공장에 들러서 부품을 받아오는 일은 마틴의 일이지만 마틴이 그날따라 스미스에게 공장에 함께 가자고 부탁을 해서 둘은 아침 일찍 부품 공장으로 향했지. 마틴이 왜 혼자서는 부품을 못 사 오겠다고 하는 건지 궁금했는데! 알고 보니 조지 아저씨가 부품 값을 자그마치 두 배나 올려 달라는 게 아니겠어?

"애들아, 내가 더 많은 이익을 남겨 보겠다고 이러는 게 아니야. 철 값이 갑자기 올라 버린 걸 낸들 어쩌겠니."

"휴우, 어떻게 방법이 없을까요?"

"나도 백방으로 알아보고 있는 중이란다. 철 값이 오르면 우리도 답답하기는 마찬가지야. 원료 가격이 오른 만큼 부품 값을 올려서 받을 수밖에 없단다. 가격이 오른 철을 예전 가격으로 판다면 우리 가게는 손해만 보게 될 테니 말이야."

"그럼 오늘은 일단 이만큼만 가져갈게요. 돈을 보통 때만큼밖에 안 가져왔어요."

"그래, 같은 돈을 받고도 물건을 적게 줘야 하니 나도 마음이 편치 않구나."

"할 수 없지요, 뭐. 아저씨 탓도 아닌걸요."

스미스가 착잡한 표정으로 말했어.

"그나저나 부품 값이 두 배로 올랐으니 애써서 머리핀을 팔아도 이익은커녕 오히려 손해만 볼 것 같아서 걱정이네."

바구니에 부품을 담으며 마틴이 중얼거렸어.

"그건 안 되지. 손해를 보면서 장사를 한다는 건 말이 안 돼."

조지 아저씨는 의아한 눈빛으로 마틴을 바라보며 말했어.

"그럼 어떡해요? 머리핀 가격보다 부품 가격이 더 많이 나오게 생겼으니, 손해를 볼 수밖에 없잖아요."

"그럼 철과 관련된 일을 하는 대장장이는 철 값이 올랐으니 꼼짝없이 빚쟁이가 되겠구나? 하하!"

"어? 정말 그렇겠네요? 이런!"

스미스가 걱정스런 눈빛으로 조지 아저씨를 바라보았어.

"하하! 요놈들아. 정말 그러면 큰일이지! 너희들 철 값이 올랐기 때문에 부품 값을 올릴 수밖에 없다는 내 말을 못 들었느냐?"

"들었지요."

마틴이 당연하다는 듯 대답했어.

"그럼 당연히 머리핀 값도 올려야 하지 않겠느냐? 부품 값이 올랐으니 말이다."

"머리핀 값을요?"

스미스와 마틴은 동시에 되물었지.

"물건의 가격이란 그런 거란다. 철 값이 오르니 철로 만드는 부품 값이 오르는 것처럼, 부품 값이 오르면 머리핀 값도 올라가야 하는 거지. 자유와 평등은 시민 사회에서 물건을 생산하기 위해 갖추어야 할 기본 조건이라고 할 수 있단다. 즉 자유 경쟁에 의해서 물건 값이 정해져야 한다는 거야. 만약 머리핀을 만들기 위해 리본이 필요한데, 리본 공장에서 리본 값을 올리면 어떻게 되겠니?"

"음…… 머리핀을 만드는 사람들이 손해를 보겠지요?"

마틴은 울상이 된 채 대답했어.

"허허! 그게 아니라는데도. 리본 값이 올라가면 당연히 머리핀 값도 오르게 되는 거란다. 자유롭게 말이야. 이렇게 물건 값이 정해지면 물건 값은 항상 일정해야 할 거야. 그래야 물건을 구입하는 사람도 행복하겠지? 물건 값이 오르지 않고 항상 같으면 얼마나 좋겠니? 이것을 자연 가격 제도라고 한단다."

"아! 그렇군요."

스미스는 무릎을 치며 말했어.

"아저씨 말씀대로 자연 가격에 의해서 물건을 사고 판다면, 시민 사회에 살고 있는 모든 사람들은 늘 안정된 삶을 살 수 있을 거예요. 사실 수요와 공급의 관계에 따라 그때그때 시장에서 가격이 결정되는 시장 가격 제도는 생산자와 소비자에게는 도움이 되지 않잖아요. 중간 상인들만 이익을 챙기고……, 시장 가격 제도는 시민 사회를 위해서 사라져야 해요. 개개인의 자유로운 경제 활동에 의해서 자연적으로 이루어지는 가격! 너무 멋진걸요?"

"우리 꼬마 장사꾼들이 이세야 이해했구나. 그렇단다. 사람들은 모두 자기 스스로 자신의 욕망을 위해서 행동하지만, 사실은 보이지 않는 무언가가 작용하여 자연적이고 필연적인 가격을 만드는 것이지. 자연 가격 제도는 어떤 사람의 간섭 없이 자유 경쟁에 의해서 만들어진 가격이란다. 물건을 사고 싶어 하는 사람과 팔고 싶어 하는 사람이 같을 때 이루어지는 가격 제도 말이다."

"맞아요, 맞아! 만약 그렇게 자유롭게 가격이 정해지지 않으면 결국 열심히 부품을 만들고 머리핀을 만들어 낸, 우리 같은 노동자들만 피해를 보게 될 거예요."

마틴도 금세 기분이 좋아진 모양이야.

"근데 스미스?"

"왜?"

"너…… 처음에 머리핀 가격 정할 때는 똑똑한 줄 알았는데, 그것도 아니었잖아? 쩝."

"이런 일이 있을 줄 알았나 뭐, 헤헤!"

"큭큭, 암튼 하마터면 손해 보고 장사할 뻔했다. 히히! 조지 아저씨 생큐!"

마틴이 장난스럽게 조지 아저씨께 인사를 했지.

"원, 녀석들도. 아무튼 나도 철 값이 내리면 예전처럼 부품을 내줄 테니 너희들도 그때까지만 기다리렴."

"네에!"

그렇게 스미스와 마틴은 집으로 돌아왔어.

"머리핀 가격을 전체적으로 올릴 거야."

"왜? 이제 장사가 잘 되니까 머리핀 가격을 올려서 우리가 돈을 더 많이 챙기자는 거야?"

폴이 물었어.

스미스는 공장에서 가져오는 부품의 가격이 오른 사실과 물건의 가격이 정해지는 과정 등을 설명해 주었어.

"에헴! 그러니까 우리의 이익을 늘려 보자는 것보다는, 어떤 경우에도 우리 노동자들에게 피해를 주지는 말아야겠다는 나의 경영 마인드에서 비롯된 결과라고 할 수 있지. 부품 가격이 오른 만큼, 딱 그만큼만 머리핀 가격을 올리겠다, 이 말씀이야."

스미스는 고개를 치켜들고 자신 있게 말했어.

"히히! 너 조지 아저씨한테 들은 얘기를 꼭 네가 발견한 사실처럼 얘기한다? 큭큭."

스미스는 마틴의 귀에 내고 속삭이며 말했어.

"쉿! 이럴 땐 좀 가만 있어 주는 거야! 큭큭."

자연 가격 제도와 시장 가격 제도

자연 가격 제도로서 '보이지 않는 손'

스미스는 생산량을 늘리기 위해 분업이 꼭 필요하다고 했습니다. 그리고 분업으로 물건을 생산하는 사회의 개인은 아무것도 할 수가 없답니다. 결국 분업으로 물건을 생산하는 사회는 아주 깊은 상호 의존 관계에 놓이게 되는 것이죠.

분업으로 이루어진 사회는 모든 사람이 물건을 생산합니다. 앞에서 우리는 머리핀을 예로 들었죠? 머리핀을 만들기 위해 꼭 필요한 것은 철사와 리본 그리고 머리핀을 포장할 종이입니다. 그렇다면 철사를 다루는 사람, 리본을 만드는 사람, 그리고 종이를 만드는 사람, 이 물건을 만들 공장이 필요합니다.

시민 사회의 기본 요건은 '자유와 평등'이라고 했던 것 기억하나요?

시민 사회에서는 물건을 생산하는 데 있어서도 자유와 평등이 기본 조건입니다. 즉 물건을 만들기 위해서는 자유 경쟁에 의해 물건 값이 정해져야 합니다. 만약 머리핀을 만들려고 하는데 리본 공장에서 리

본 값을 올리면 어떻게 될까요? 당연히 머리핀 값이 오르겠죠? 철사 공장이나 종이 공장도 마찬가지입니다.

자유 경쟁에 의해 물건 값이 정해지면 물건 값은 항상 일정할 것입니다. 그렇다면 물건을 구입하는 사람도 행복하겠죠? 물건 값이 올라가지 않고 항상 같으면 얼마나 좋겠습니까? 바로 이러한 것을 스미스는 자연 가격 제도라고 했답니다.

자연 가격에 의해서 물건이 팔린다면, 시민 사회에 살고 있는 모든 사람들은 안정된 삶을 살 것입니다. 이렇게 자연 가격 제도는 개개인의 자유로운 경제 활동에 의해서 개인의 생각이나 의도와 관계없이 자연적으로 이루어지는 가격을 말합니다.

이렇듯 개인은 스스로 자신의 욕망을 위해 행동하지만, 결국 '보이지 않는 손'이 작용하여 자연적이고 필연적인 가격을 만드는 것이죠. 자연 가격 제도는 어떤 사람의 간섭 없이 자유 경쟁에 의해 만들어진 가격입니다. 즉 물건을 사고 싶어 하는 사람과 팔고 싶어 하는 사람의 욕구가 같을 때 이루어지는 가격을 말합니다.

여러분은 품귀 현상, 물가 파동이란 말을 들어 보았나요? 품귀 현상은 물건이 갑자기 부족하여 구하기 어려운 것, 물가 파동은 물가가 안정되지 못하고 오르내리는 것을 말합니다. 갑자기 날씨가 더워지면 선풍기가 불타나게 팔리겠죠? 그러므로 공장에서는 많은 선풍기를 빨리 만들 겁니다. 만약 그 전에 이미 만들어진 선풍기가 있었다면, 아마도 그것은 비싸게 팔릴 것입니다. 그러나 선풍기가 비싸게 팔린다고 생산자에게 이익이 돌아가는 것은 아닙니다. 상인만 이익을 챙길 것입니다. 그리고 소비자는 종전보다 비싼 가격으로 선풍기를 사야 하기 때문에 손해고요. 바로 이렇게 공장과 관계없이 갑작스럽게 물건 값이 올라가고 내려가는 것을 스미스는 '시장 가격 제도'라고 했습니다.

시장 가격 제도는 자연 가격 제도와 다르게 생산자와 소비자에게는 도움이 되지 않습니다. 중간 상인들만 이익을 남기는 것이죠. 따라서 시장 가격 제도는 시민 사회를 위해서 사라져야 할 가격 제도라고 스미스는 생각했던 것입니다.

사회의 안정과 개인의 행복을 위해서는 보이지 않는 손이 작용해서 자연 가격 제도가 형성되어야 합니다. 이렇게 형성된 자연 가격 제도는 최대한 많은 소비자와 생산자에게 도움과 이익을 주어 사회의 생산력을 최고로 높일 수 있기 때문에, 가장 바람직한 가격 제도라고 할 수 있습니다.

3

부자 나라 되기

 소비는 모든 생산의 유일한 목적이다. 생산자의 이익은 소비자의 이익을
증진시키는 데 필요한 범위 내에서만 존중돼야 한다.

—애덤 스미스

1 파리로 쫓겨난 스미스

스미스는 피터네 집에 머무는 열흘 동안 꽤 많은 돈을 벌 수 있었단다. 다섯 명이 힘을 합치고 거기에 조지 아저씨까지 도와 주셨으니 말이야.

스미스는 모니카의 휴가가 끝남과 동시에 다시 자신의 집으로 떠나게 되었지만 나머지 네 명의 아이들은 스미스가 돌아간 후에도 계속해서 각자 맡은 역할을 분담해서 머리핀을 만들고, 그것을 시장에 팔 것이라고 했어.

그런데 스미스가 집에 들어가자마자 마거릿 부인의 불호령이 떨어졌지 뭐야.

"스미스!"

"엄마! 저 왔어요. 보고 싶으셨죠?"

스미스는 열흘 만에 만나는 엄마에게 반가움을 표시하며 와락 안기려 했지만 마거릿 부인의 표정은 냉랭했어.

"스미스! 너 또 피터네 가서 무슨 짓을 한 거니?"

"네? 무, 무슨 짓이라니요?"

스미스는 마거릿 부인이 왜 이렇게 불같이 화를 내는지 이해할 수가 없었지.

"다친 곳 없이 무사히 돌아왔어요. 보세요!"

스미스는 양팔을 벌려 자신의 무사함을 마거릿 부인에게 보여 주었지만 마거릿 부인은 여전히 미간을 찌푸린 채 스미스에게 마구 쏘아붙였어.

"엄마가 피터네 가서 얌전하게 있다가 오라고 하지 않았니?"

"엄마도 참, 얌전하게 자알~ 지내다가 왔다고요. 피터하고도 얼마나 사이좋게 지냈는데요. 큭큭…….."

"사이좋게? 그래, 사이좋게 머리핀을 팔았다는 게냐?

"헉!"

스미스는 깜짝 놀랐지.

"아…… 아니, 엄마가 그걸 어떻게……."

"지금 그게 중요한 게 아니잖니. 너는 어떻게 된 애가 잠시도 얌전하게 있지를 못하는 거니. 머리핀 장사라니…… 휴우."

마거릿 부인은 고개를 절레절레 흔들며 한숨을 쉬었지.

"엄마 피터네 가 보셨어요?"

스미스가 물었어.

"말 돌리지 말고!"

"그게 아니고요, 저는 피터네 집에 가 보고 정말 깜짝 놀랐어요."

"그럼 다 우리 집 같은 줄 알았니? 그래서 엄마가 미리 말했잖니. 여러모로 불편할 거라고."

"불편한 정도가 아니었어요. 그러니까 그게……."

"스미스."

마거릿 부인은 스미스의 이름을 조용히 불렀어.

"네가 그 집을 부자로 만들어 줄 수는 없는 거잖니."

"맞아요. 제가 피터네를 부자로 만들어 줄 수는 없어요. 해결책은 영국이 부자가 되는 거예요. 부자 나라요!"

"……"

스미스는 무언가 대단한 결의라노 한 듯 주먹을 불끈 쥐고 부자 나라를 외쳤지만, 마거릿 부인은 멀뚱멀뚱 스미스를 쳐다볼 뿐이었어.

"스미스, 너 정말 큰일이구나."

마거릿 부인은 진심으로 스미스가 걱정스러운 모양이었어. 하긴 그럴 법도 하지. 열흘 새 아이가 이상해졌으니 말이야. '가난'의 '가' 자도 모르던 아이가 부자 나라가 어쩌고저쩌고 하는 연설을 늘어놓으니 말이야.

"스미스, 안 되겠다. 너 내일 당장 외삼촌댁으로 떠나거라."

"네?"

스미스는 깜짝 놀랐어. 외삼촌댁은 저 멀리 프랑스 파리에 있었거든.

"설마 저더러 혼자 그곳에 가라는 말씀은 아니시죠?"

"혼자 머리핀 장사도 했으면서 뭘 그러니?"

"……"

어머니의 다그침에 스미스는 더 이상 할 말이 없었어.

"하지만, 그곳은 너무 멀어요. 배를 타고도 한 시간, 두 시간, 세

시간…… 휴우, 저 배 멀미가 얼마나 심한지 엄마가 더 잘 아시잖아요. 네?"

스미스는 최대한 불쌍한 표정으로 사정했지만 마거릿 부인은 단호했어.

"엄마도 참을 만큼 참았어. 매일 쿰이랑 숲에 가질 않나, 이유 없이 일하는 사람들을 괴롭히질 않나, 게다가 시장에서 머리핀 장사까지…… 도저히 이대로는 안 되겠어. 외삼촌댁에서 반성한 후 돌아오도록 해."

"언…… 언제까지요?"

스미스는 거의 울 듯한 표정으로 물었어.

"내가 오라고 할 때까지!"

"으앙……."

스미스는 엉엉 울며 떼를 썼지만 마거릿 부인에게는 통하지 않았어. 그렇게 스미스는 배를 타고 머나먼 프랑스 파리로 떠나게 되었지.

후에 알게 된 사실인데 스미스가 시장에서 열심히 머리핀을 팔고 있는 모습을 조엘 아저씨가 봤다지 뭐야. 마거릿 부인은 반신반의하는 마음으로 피터를 떠보았는데 피터가 당황해하는 모습을 보고는 조엘 아저씨 이야기가 사실이라는 걸 알게 된 거지. 아무튼 불쌍한 스미스, 과연 프랑스에서는 또 어떤 잉뚱한 일이 펼쳐질지 기대해 보자꾸나!

2 이기심으로 일을 한다고요?

삼촌 집에 온 날부터 스미스는 밖으로 돌아다니기 시작했단다. 나무 그늘에서 공부한다는 핑계였지만 밭에서 일하는 사람들과 친해지고 싶어서였어.

친구라고는 쿰밖에 없던 철부지 스미스는 이제 다른 사람의 입장을 생각하고 그 사람들을 도와줄 수 있는 방법을 궁리할 정도로 성장해 있었지. 친구들과 머리핀을 만들어 시장에 팔면서 많은 것을 느끼고 배웠던 거야.

"헥헥!"

스미스는 바닥에 털썩 주저앉아 쉬고 있었어. 삼촌 모르게 빠져나와 뜨거운 햇볕 아래서 농사일을 하기란 쉽지 않았지.

"아이고, 우리 도련님 힘드시구나? 허허!"

턱수염 아저씨가 웃으며 말했어. 턱수염 아저씨를 포함해서 다른 사람들은 힘들지도 않은지 연신 잡초를 베어 내고 있었지.

"아저씨들은 힘들지 않으세요?"

"일하는데 몸이 고단하지 않은 사람이 어디 있겠니?"

그렇게 말하면서도 턱수염 아저씨는 낫질을 멈추지 않았어.

"그런데 왜 이렇게 일을 열심히 하세요?"

"하하! 그게 무슨 엉뚱한 소리니?"

"사실 그렇잖아요. 아저씨들이 일을 열심히 해서 밀을 많이 수확한다고 해도 그건 우리 외삼촌한테 좋은 일이잖아요."

"허허! 우리 도련님, 외삼촌이 들으시면 큰일날 소릴하시네. 아이고, 허리야."

건너편에 있던 뚱보 아저씨가 허리를 펴며 말했어. 사람들은 모두 스미스가 또 엉뚱한 소리를 한다며 스미스의 질문을 웃으며 넘기려 했지.

"아이참, 저는 정말로 궁금해요. 외삼촌이 지켜보는 것도 아닌데 아저씨들은 아침부터 저녁까지 정해진 시간 동안 땀을 뻘뻘 흘리며 열심히 일하시잖아요. 외삼촌이 그렇게 좋아요?"

"하하하!"

스미스는 더없이 진지했고, 그런 스미스를 사람들은 더한층 재미있어 했지.

"저는 아저씨들이 왜 우리 외삼촌을 위해 그렇게 열심히 일하는지 이해할 수가 없단 말이에요."

스미스는 사람들이 왜 키득거리며, 재미있어 하는지 이해할 수 없었어.

"우리가 왜 스미스 네 외삼촌을 위해 일을 하겠니?"

턱수염 아저씨가 입을 열었어.

"그러니까요 제 말이 그 말이에요. 왜 우리 외삼촌을 위해……."

"우리들이 땀흘려 열심히 일하는 건 그 누구를 위해서도 아니고 바로 우리 자신을 위해서란다."

"자기 자신이오?"

"그래, 모두가 자신을 위해서 일하지. 내가 일해서 돈을 벌어야 나를 포함해서 우리 가족이 먹는 것, 입는 것 걱정 없이 화목하게 지낼 수 있으니 말이야. 모든 사람들은 모두 그렇게 어느 정도 이기적인 생각을 갖고 있는 것 아니겠니? 사람들은 누구나 행복하기를 원한단다. 덕망 있고 착한 사람이라고 해서 이기적인 생각이 없고, 나쁘고 악명 높은 사람만 이기심을 갖고 있는 것은 아니야. 우리는 각자 자신을 위해서 일하는 이기적인 마음을 갖고 있다는 거야."

"그럼 외삼촌이 안 보실 땐 그냥 놀아도 되잖아요! 외삼촌이 지키고 있는 것도 아닌데 이렇게 열심히 일할 필요가 있나요?"

"하하! 정말 그래볼까……?"

뚱보 아저씨가 능청스럽게 말했어.

"아이쿠, 난 저것 좀 치우러 가 봐야겠네."

턱수염 아저씨는 다른 일이 생각났는지 건너편 밭으로 터벅터벅 걸어갔어.

"하지만 말이야."

뚱보 아저씨가 이야기를 이어받았지.

"생각해 보렴. 우리가 지금부터 도련님 말대로 일을 대충 한다고 하면, 보통 때만큼 밀을 수확할 수 있을까?"

"물론 보통 때보다 수확량은 줄겠지요. 하지만 그건 외삼촌 손해인 거잖아요. 아저씨들 밭도 아닌데요, 뭐."

"그런데 그게 그렇지가 않단다. 그건 결국 우리에게도 손해가 되기도 한단다. 밀 수확량이 점점 줄어들면 이렇게 많은 인부들이 이곳에서 일할 필요가 있겠니?"

"……."

스미스는 아무 대답도 할 수가 없었지.

"밀 수확량이 줄면 도련님의 외삼촌이 버는 돈도 그만큼 줄어들 텐데 이만 한 인부를 고용할 수 있겠냐는 거야. 그럼 결국 우리는 꽥!!"

뚱보 아저씨는 손으로 목을 자르는 흉내를 냈어.

"이렇게 되는 거지."

"하하하! 맞아 맞아!"

사람들은 뚱보 아저씨의 능청스런 연기에 모두 웃음을 지었어.

"그러니까 말이다. 도련님 외삼촌을 생각해서 일을 열심히 하는 것도 있겠지. 수년 동안 우리를 친형제처럼 대해 주고 거둬 줬으니. 하지만 사실 그건 아주 작은 이유에 불과하단다. 결국 우리는 모두 각자 자신을 위해서 누가 지켜보지 않아도 열심히 일을 하게 되는 것이지. 저기 좀 봐라."

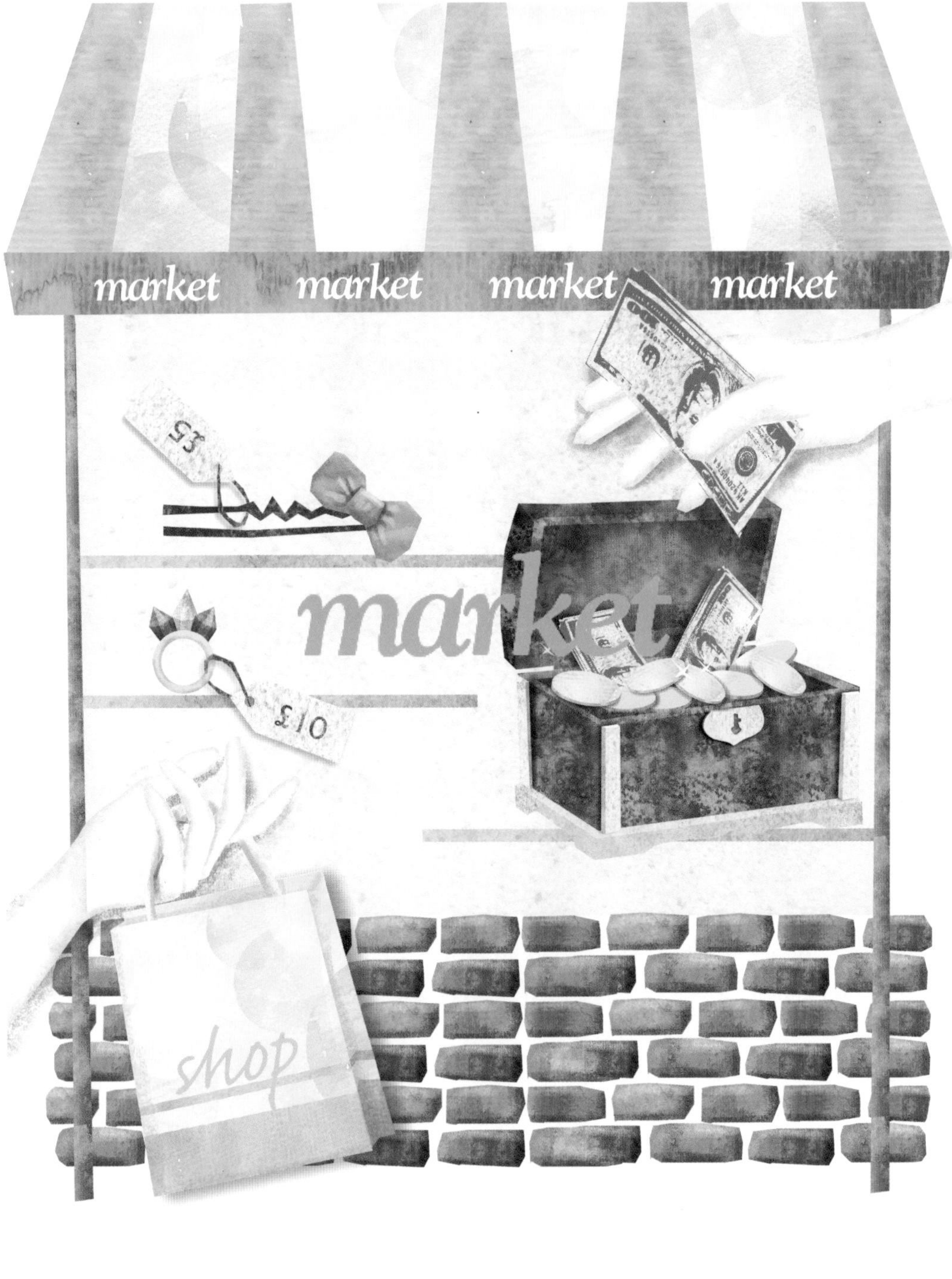
market
market
market
market
£5
market
£10
shop

마침 턱수염 아저씨가 밭 구석에 산더미처럼 쌓여 있는, 가축의 똥을 치우고 있었어. 스미스는 얼른 엄지와 검지로 코를 붙잡았지.

"하하! 생각만 해도 냄새가 코를 찌르는 것 같지? 하지만 생각해 보렴. 누군가 저것을 치우지 않으면 우리는 계속 악취를 참으며 일을 해야 하고, 요즘 유행하는 전염병의 원인이 될 수도 있을 거야. 그렇기 때문에 저기 저, 배짱이가 두 손 두 발 다 들고 달아날 만큼 게으른 턱수염도 자신의 건강과 쾌적한 일터를 위해 저렇게 악취를 참아 내며 깨끗하게 청소를 하고 있는 거지."

"하하! 배짱이가 두 손 두 발 다 들고 항복을 해요? 하하하!"

스미스는 뚱보 아저씨가 턱수염 아저씨를 놀리는 게 너무 재미 있었어.

"뭔가? 나도 같이 쫌 웃고 싶네. 우리 도련님 배꼽 빠지시겠네!"

턱수염 아저씨가 영문도 모른 채 저 멀리서 소리쳤어.

"하하하하!"

밀밭은 웃음으로 가득 찼지.

"그러니까 모두가 자기 자신을 위해 이렇게 열심히 일을 하고 있다는 말씀이시죠?"

스미스가 물었어.

"그렇지! 그리고 더 크게 본다면 개인의 이기심으로 인해 결국은 나라가 잘살게 된다는 얘기란다."

"나라까지요?"

스미스는 나라가 잘살게 된다는 말에 눈이 번쩍 뜨였지.

"그래! 우리 같이 시민 사회에 살고 있는 개개인은 나라의 부나 이익을 위해서 일하는 것도 아니고, 그저 스스로 잘살기 위해서 일을 하지. 하지만 이렇게 스스로의 부와 이익을 위해 일한다는 단순한 생각이 곧 사회 전체의 부와 이익으로 확대되는 것이란다."

"아하, 이기심! 바로 그거였군요."

스미스는 이제야 땀 흘려 일하는 농장 아저씨들의 심정과, 부자 나라가 되는 법을 조금은 알 것 같았어.

3 영국으로 돌아온 스미스

"어머! 책만 열심히 보다 왔다면서 왜 이렇게 피부가 새까맣게 탄 거니?"

마거릿 부인은 반년 만에 영국으로 돌아온 스미스를 보자마자 깜짝 놀랐어.

"네?"

스미스는 잠시 당황했지만 얼른 머리를 굴렸지.

"아! 엄마도 아시겠지만 외삼촌 댁 밭이 굉장히 넓잖아요. 집에서만 공부를 하려니 답답해서 가끔 밭에 나가 바깥 공기를 쐬며 책을 보곤 했는데 그래서 얼굴이 탔나 봐요."

"그럼 그늘에서 책을 보지 그랬니."

마거릿 부인은 스미스의 새까매진 얼굴을 쓰다듬으며 말했어.

"책 볼 땐 볕이 뜨거운 줄도 몰라요."

"아이고, 기특해라. 타국 땅에서 공부하느라 수고 많았다."

'휴우.'

스미스는 마거릿 부인 몰래 안도의 한숨을 내쉬었지.

"며칠 동안은 아무 생각 말고 푹 쉬렴."

마거릿 부인은 스미스의 방문을 닫고 나가면서 자상하게 말했어.

"흠! 반년 만에 영국에 돌아온 첫날인데 이렇게 가만히 있을 수는 없지!"

스미스는 또 밖으로 나갈 궁리만 하고 있었어.

"어? 모니카네?"

창밖을 내다보던 스미스가 외쳤어.

"모니카! 모니카!"

마당에서 꽃에 물을 주던 모니카가 하늘을 향해 고개를 두리번 거렸어.

"여기야, 여기! 나 스미스!"

"어? 도련님! 언제 오셨어요?"

모니카는 2층 스미스의 방을 올려다 보며 활짝 웃어 주었어.

"방금 왔어, 내가 내려갈게."

스미스는 얼른 마당으로 뛰어 내려갔어.

"어떻게 지냈어?"

"저야, 뭐 늘 똑같지요. 도련님은 파리에서 힘들지 않으셨어요?"

"이건 비밀인데, 사실 무지 힘들었어."

"어머, 왜요? 음식이 입에 맞지 않으셨어요? 아니면 잠자리가
불편하셨어요?"

모니카는 걱정스런 표정으로 물었어.

"히히! 사실 나 반년 동안 아주 열심히 농사를 짓다 왔거든."

"네? 도련님께서 농사를요?"

"쉿! 조용히 해."

스미스는 놀란 모니카의 입을 막았어.

"엄마한테는 절대 말하면 안 돼. 알았지? 이번엔 나를 프랑스가
아니라 외딴 섬으로 보내 버릴지도 몰라. 큭큭."

"네, 쉿! 호호."

스미스와 모니카는 순식간에 엄청난 비밀을 공유하는 사이가 되었지.

"그나저나 피터는 어떻게 지내?"

"피터요……?"

모니카는 말끝을 흐리며 고개를 숙였어.

"왜? 무슨 일 있어?"

"도련님이 프랑스로 떠나시고 얼마 안 돼서 공장에 취직을 할 수가 있었어요."

"우아! 잘됐네! 일자리를 구하느라고 애쓰고 있었잖아."

"그랬었죠."

모니카의 표정이 별로 좋지 않았어.

"그런데 왜 모니카는 그렇게 슬픈 표정을 짓는 거야?"

"대부분의 공장들처럼 피터가 일하게 된 공장 역시 매번 돈을 제대로 주지 않았어요."

"대부분의 공장들이 모두 그래?"

"네, 그나마 저같이 좋은 마님 밑에서 일을 하는 시녀들은 형편이 나은 편이에요. 점점 공장은 많아지는데 그곳에서 일하는 노동자들의 형편이란……."

모니카는 피터가 생각났는지 말을 잇지 못했어.

"그래서? 지금 피터는 공장에 있어?"

"그나마 공장도 제대로 돌아가지 못하는 형편이에요."

"왜?"

"노동자들도 사람인데 이제 견디다 못해 하나 둘씩 폭동을 일으키기 시작했다나 봐요."

"폭동?"

프랑스 파리에서 지내다 온 스미스는 이러한 영국의 상황에 대해 무척 놀라고 말았어.

"안 되겠어. 피터를 만나러 가 봐야겠어."

"네? 안 돼요, 도련님. 저번에 괜히 우리 피터 때문에 도련님께서 곤란을 겪으신 걸 제가 뻔히 아는걸요."

"내가 대충 둘러댈 테니까 걱정하지 마."

스미스는 엄마의 허락을 받기 위해 둘러댈 이런저런 변명을 생각하며 잽싸게 안방으로 향했어.

"엄마, 저 피터네 좀 다녀올게요."

"뭐라고? 스미스 너 아직도 정신을 못 차린 거니? 언제까지 마냥 어린아이같이 그럴 거니?"

"엄마, 저한테 며칠 동안 푹 쉬라고 하셨잖아요. 그동안 피터네가 있을게요. 말썽 안 부리고 정말로 조용히 지내다가 올게요. 약속해요."

스미스는 마거릿 부인의 방으로 가면서 머릿속으로 생각했던 여러 가지 거짓말들이 모두 새하얗게 지워지는 듯했어.

"넌 도대체 어떻게 된 애가 집에 가만히 있질 못하니? 이제 집으로 돌아오라고 한 이유는 학교에 갈 준비를 하라는 뜻이었지, 전처럼 제멋대로 행동을 해도 된다는 뜻은 아니었다."

"네, 잘 알아요. 엄마, 저를 딱 한번만 믿어 주세요. 엄마도 아시다시피 저는 친구가 피터밖에 없잖아요. 며칠 동안만 피터랑 함께 지낼 수 있게 해 주세요."

사실 모니카 이야기를 듣고 피터에게 가 봐야겠다고 마음먹었을 때는 늘 그랬듯 어떻게든 마거릿 부인을 속여서 피터를 만나러 가려고 했어. 하지만 막상 마거릿 부인 앞에 서자 거짓말이 잘 나오지 않았어. 자신의 주변에는 피터같이 힘들게 살고 있는 친구들이 많다고 생각하니 자신도 마냥 어린아이처럼 굴어서는 안 되겠다는 생각이 들어서일까? 다행히 스미스의 진심 어린 부탁에 마거릿 부인도 못 이기는 척 넘어가 주었지.

"휴우, 나는 정말 스미스 너한테 두 손 두 발 다 들었다! 항복이야, 항복!"

"허락해 주시는 거지요? 엄마, 사랑해요!"

스미스는 마거릿 부인의 볼에 입을 맞추고 신이 나서 방으로 돌아갔지. 짐을 챙기고 있으니 곧 모니카가 방으로 들어왔어.

"왜?"

"마님께서 도련님 옷이랑 이불이랑 먹을 것들이랑 챙기라고 하셔서요."

"아냐, 됐어. 그냥 피터네 있는 것들로 먹고 자고 할게. 괜찮아."

스미스가 부쩍 어른스러워졌지? 처음에 피터네 집에 갔을 땐 어디에 앉아야 할지도 몰라 쩔쩔맸던 것에 비하면 말이야.

"아니, 그래도 어떻게……."

"정말 괜찮아. 신경 쓰지 마."

스미스는 그렇게 단출하게 꾸린 가방 하나만 메고 피터를 만나기 위해 집을 떠났어.

4 보이지 않는 손

피터는 스미스를 반갑게 맞이했단다. 갑자기 찾아온 스미스가 놀랍기도 하고, 자신이 알던 장난꾸러기 스미스가 아닌 것 같아서 낯설기도 했지만 말이야. 둘은 친구니까.

둘은 한참을 웃고 떠들다 창문 밖으로 지나가는 마틴을 보게 되었단다.

"어? 마틴이네?"

"요새 마틴은 잘 지내?"

"머리핀 만드느라 정신없지 뭐, 큭큭."

"아직도 머리핀을 만들어?"

"어허, 이 사람들이! 아직도라니!"

엥? 갑자기 스미스 등 뒤에서 낯선 목소리가 들렸어.

"마틴!"

마틴이었어. 스미스와 마틴은 깊은 포옹을 나누었지. 이 둘은 머리핀 프로젝트를 통해 신분을 뛰어넘은 우정을 쌓아 왔잖아, 기억하지?

"역시 너였구나! 창문으로 얼핏 스미스 네가 보이는 것 같아서 들어왔어. 그런데 이 사람들이! 아직도라니! 이제 우리 집은 머리핀 공장인걸? 부모님까지 가세해서 네가 가르쳐 준 대로 역할을 나눠서 매일매일 많은 양의 머리핀을 만들어 내고 있어. 지난번 우리 다섯 명이 일할 때 벌었던 돈을 아껴서 그 돈으로 가족들과 집을 작은 공장으로 꾸밀 수 있었지."

"그렇지, 분업!"

스미스가 외쳤어.

"응?"

"부자 나라가 되는 방법 말이야. 바로 우리가 경험했잖아. 분업이 얼마나 생산력을 높이는지를 말이야."

"맞아, 처음에는 그걸 우리 두 사람이…… 큭큭."

피터는 스미스와 둘이서 머리핀을 만드느라 낑낑거리던 일이 생각났는지 키득거렸어.

"마틴, 우리는 지금 어떻게 하면 영국이 부자 나라가 될 수 있을지에 대해……."

스미스는 지금까지 나누었던 이야기를 설명하려고 했어.

"그래서? 그래서 어떻게 하면 부자가 될 수 있는데? 응? 응?"

"하하! 마틴 너 성격 급한 건 여전하구나?"

"헤헤…… 미안. 내가 또 말을 끊었나? 이놈의 입이 문제야!"

마틴은 익살스럽게 손으로 자신의 입을 때렸어.

"하하! 괜찮아, 괜찮아. 그러니까 나는 부자 나라가 되기 위해서는 먼저 생산력을 높여야 한다고 생각해. 생산력이란……."

스미스는 마틴에게 차분하게 자신의 생각을 이야기해 줬어. 마틴 또한 그 이야기를 주의 깊게 들었지.

"아, 그러니까 분업도 생산력을 높이는 방법 중 하나이다, 이거지? 또 생산력을 높이면 부자 나라가 될 수 있는 것이고!"

"우아, 마틴이 공장 사장님 되시더니 머리까지 똑똑해지셨네?"

"피터 너보다는 원래 똑똑했다, 뭐!"

티격태격 피터와 마틴, 참 귀여운 친구들이지?

"그리고 또 한 가지! 사유 재산과 자유 경쟁을 인정해서 자연 가격 제도를 도입해야 해."

스미스가 말했어.

"사유 재산이나 자유 경쟁은 이해하겠는데 자연 가격 제도? 그건 또 뭐야?"

마틴과의 말씨름을 멈춘 피터가 물었어.

"자연 가격 제도 역시 우리가 머리핀을 만들며 배웠던 거야. 사회에서 생산된 상품은 자연적이고 필연적으로 어떤 가격이 형성될 수 있어. 이렇게 자연적으로 상품의 가격이 형성되는 것을 자연 가격 제도라고 하지. 자연 가격 제도는 개개인의 자유로운 경제 활동에 의해서 개인의 생각이나 의도와 관계없이 자연적으로 이루어지는 가격을 말해. 개인은 자기 스스로 자신의 욕망을 위해 행동해. 우리 눈에 보이지 않는 손이 작용하여 자연적이고도 필연적인 가격을 만드는 것이지. 우리가 고기와 술, 빵으로 저녁 식사를 하리라고 기대할 수 있는 것은 정육업자, 양조업자, 제빵업자들이 우리에게 자비를 베푼 덕이 아니야. 그들이 각자 자기 이익을 추구한 결과지. 사람들은 누구나 상품 가치가 극대화되는 방향으로 자기 자원을 활용하려고 노력해. 공익을 증진하려 하는 것이 아닐뿐더러 자신이 공익을 얼마나 증진시킬 수 있는지조차 알지 못해. 단지 자신의 안전과 이익을 위해 행동할 뿐이지. 그러나 바로 이렇게 행동하는 가운데 개인들은 보이지 않는 손의 인도를 받아 자신이 뜻하지 않았던 목표를 달성하게 되는 거지. 자기 이익을 열심히 추구하는 가운데 사회나 국가 전체의 이익을 증대시키는 거야."

"아, 물건을 만든 사람과는 관계없이 상인들의 필요에 의해서 물건 값이 정해지는 것이 시장 가격이고, 개개인의 자유로운 경제 활동에 의해서 개인의 생각이나 의도와 관계없이 자연적으로 이루어지는 가격을 자연 가격 제도라고 하는구나. 그렇게 자유 경쟁에 의해 물건 값이 정해지면 물건 값은 항상 일정할 테고, 그렇다면 물건을 구입하는 사람도 행복할 것이고……."

"그렇지. 피터 말이 맞아! 그러니까 진정으로 시민을 위하는 가격 제도는 바로 자연 가격 제도라고 할 수 있어."

"그런데 참 신기하다."

마틴이 말했어.

"뭐가?"

"아니, 무슨 규칙 같은 것도 없이 저절로 가격이 정해진다는 게 신기하잖아."

"참! 내가 중요한 걸 하나 빼먹을 뻔했다."

스미스가 손뼉을 치며 말했어.

"여기서 가장 중요한 건 개인의 이기심이야."

"이기심?"

피터와 마틴은 동시에 되물었어.

"응, 이기심! 시민 사회에 사는 사람들은 자유롭고 평등하기 때문에, 한편으론 모든 사람이 이기적이야. 이러한 이기심은 스스로 잘살기 위해 노력하는 과정에서 생기는 이기심이지. 이 이기심이 발휘되면, 시민 사회는 잘사는 사회가 될 수 있어. 개인의 이러한 자발적 이기심이 시민 사회에 충분히 나타날 때, 사회 전체가 잘살게 되고 복지 또한 잘 이루어질 수 있다는 뜻이야. 이렇게 개인의 이기심이라는 보이지 않는 손에 이끌려 자연스럽게 가격도 정해지는 것이고 그로 인해 나라도 잘살 수 있게 되는 것이지."

"보이지 않는 손이라…… 너무 멋진걸? 맞아! 눈에 보이지는 않지만 우리는 분명 무언가에 이끌려 열심히 일하고 있잖아. 그게 바로 개인의 이기심이었구나. 가격을 정해 주고 나라를 잘살게 해 주는, 손은 손인데 보이지 않는 손!"

마틴은 두 손바닥을 내보였다가 획 감추며 말했어.

"그나저나 개인의 이기심, 즉 보이지 않는 손만 잘 움직여 주면 우리는 저절로 부자 나라가 될 수 있는 거야? 응?"

역시 부자 되기에 관심이 많은 마틴다운 질문이지?

"또 한 가지! 절약을 해야만 해!"

"절약?"

"응! 아까 마틴 네가 그랬잖아. 돈을 아껴서 집안을 작은 공장으로 만들 수 있었다고."

"응, 그랬지."

"바로 그거야. 공장에서 물건을 만들려면, 돈이 있어야 하잖아. 그리고 분업을 통해 많은 물건을 생산하려면 새로운 공장을 지어야 하고. 만약 분업의 규모를 늘리려면 더 많은 돈이 필요하지. 그러기 위해서는 돈이 많이 있어야만 해."

"아, 그럼 그 많은 돈은 결국 절약과 저축을 통해 얻어질 수밖에 없겠구나? 하지만 저축을 방해하는 사람들이 영국에는 많이 있어. 특히 돈 많은 부자들, 땅을 많이 갖고 있는 사람이나 부유한 상인들 같은 상류층 말이야. 이들은 낭비와 사치로 많은 돈을 소비해. 아, 스미스 너희 집을 말하는 건 절대 아니니까 기분 나빠하지 말아 줘."

"괜찮아. 피터, 네 말이 맞아. 돈 많은 사람들이나 부유한 상인들이 낭비와 사치를 일삼으므로써 공장에 투자할 돈이 줄어드는 것이 문제지. 개인적인 낭비 때문에, 더 많은 시설 투자나 노동자를 고용하지 못한다, 이 말이야."

"영국의 상류층들이 절약과 저축에 앞장선다면 쉽게 영국은 부자 나라가 될 수 있다는 이야기구나."

마틴이 열심히 고개를 끄덕이며 중얼거렸어.

"아, 근데 스미스. 절약과 저축을 해 모은 돈을 어디에 쓰는 게 가장 좋은 길일까?"

스미스 바로 앞에 턱을 괴고 앉은 마틴은 똘망똘망한 눈빛으로 물었어.

"사실 절약이나 저축보다 더 중요한 것이 바로 돈을 어떻게 사용하느냐 하는 것이야."

"투자가 절약이나 저축보다 더 중요하다는 이야기구나."

"그래, 절약과 저축을 통해 모은 돈을 사람들은 여러 곳에 다시 투자하고 있어. 예를 들자면, 더 많은 상품을 만들 수도 있고, 더 큰 공장을 지을 수도 있지."

"스미스, 그럼 네 생각에는 어떤 곳에 투자하는 것이 가장 좋은 것 같아?"

이번엔 피터가 스미스에게 질문을 던졌지.

"나는 그 돈을 사람에 투자해야 한다고 생각해."

"사람?"

"응, 노동자 말이야. 더 큰 공장을 짓고, 생산량을 늘리는 것도 좋지만, 노동자를 많이 고용하는 것이 가장 중요하다고 생각해. 노동자를 많이 고용하면, 생산량도 늘릴 수 있고, 또 노동자들이 더 좋은 환경 속에서 일하려면, 공장을 더 크게 만들어야겠지."

"결국 노동자를 늘리면, 나머지는 자연스럽게 덩달아 늘어난다는 이야기구나."

"응, 내 생각은 그래."

"근데 있잖아. 나는 예전부터 참 우리나라가 못마땅해."

마틴이 눈살을 찌푸리며 말했어.

"사실 그렇잖아. 금과 은을 모으는 것 말고 대체 나라가 하는 일이 뭐야? 대체 금과 은을 얼마나 많이 모았는지 몰라도 국민들을 이렇게 쫄쫄 굶게 만들다니, 원!"

"맞아! 겨우 겨우 일자리를 구하면 뭐해? 하루 20시간을 일해도 이렇게 먹고 살기가 힘드니 말이야."

"맞아, 맞아."

피터와 마틴은 영국 정부에 대한 불만을 토로하기 시작했어.

"그래! 그렇기 때문에 영국이 부자 나라가 되기 위해서는 나라가 해야 할 일도 적지 않아."

"나라가 해야 할 일?"

피터가 물었어.

"그래, 이 김에 나라가 해야 할 일도 좀 가르쳐 줘 봐. 스미스 네 말을 잘 듣고 기억해 뒀다가 20년 뒤 내가 영국 왕이 되거든 그 일들을 아주 깨끗하게 처리해 줄 테니 말이야."

"푸하하, 영국 왕? 마틴 네가? 차라리 소의 젖에서 오렌지 주스를 짜낼 수 있다고 하지, 왜? 푸하하."

"마틴 너어! 하긴 내가 왕이 되면 좀 웃기긴 할 거야. 그럼 고기나 실컷 먹었으면 좋겠다, 큭큭."

"하하하!"

5 제시카는 어디에

"피터! 나는 어서 가 봐야겠어."

"어? 벌써 일어났어?"

스미스와 피터는 밤새 이야기를 나누다가 아침이 돼서야 잠이 들었어. 그런데 잠이 든 지 한 시간이나 지났을까? 갑자기 스미스가 짐을 꾸리고 있는 게 아니겠어?

"갑자기 왜 그래? 무슨 일 있었어?"

"사실 아까 너랑 모니카가 하는 이야기를 들었어. 너는 내가 자는 줄 알았겠지만 잠들기 전이었거든."

피터는 스미스가 무슨 말을 하는지 몰랐단다. 어젯밤에 모니카와 자신이 나눈 얘기는 조엘 아저씨와 제시카가 내일 도시로 떠난다는 것이었는데 그게 스미스가 갑자기 집으로 가야겠다는 이유와 무슨 상관인지 감을 잡을 수가 없었지.

"나는 제시카가 떠나는 줄 몰랐어. 알았더라면, 알았더라면……잘 가라는 인사 정도는 했을 텐데……."

"그래서 제시카한테 인사하려고 이 새벽에 일어나서 집으로 가겠다는 거야, 지금?"

"그것도 그렇고…… 아무튼 지금 가야겠어."

"스미스, 스미스!"

스미스는 벌써 집으로 뛰어가는 중이었지.

참! 조엘 아저씨가 스미스 집을 떠나는 것에 대해 스미스가 왜 그렇게 슬퍼했는지, 이쯤 되면 다들 알 수 있겠지? 뭐? 아직 모르겠다고? 왜긴 왜겠어. 조엘 아저씨가 떠나면 혼자 떠나겠니? 당연히 아저씨의 딸인 제시카도 함께 떠나게 될 테고, 그렇게 되면 스미스는 더 이상 제시카를 볼 수 없겠지.

그런데 제시카를 못 보는 것과 스미스가 이렇게 서둘러 집으로 돌아가는 것이 무슨 상관이냐고? 이 녀석들, 모른 척하기는…… 후후.

"어, 스미스 벌써 왔니? 일주일은 있을 거라더니?"
마거릿 부인이 마당으로 걸어 나왔어.
"왜 이렇게 땀범벅이 됐니?"
마거릿 부인은 스미스를 보고 깜짝 놀라며 물었어.
"조엘 아저씨는요? 조엘 아저씨 말이에요!"
"조엘은 왜? 당연히 목장에…… 참! 지금쯤이면 떠났겠구나."
"네? 벌써요? 왜 진작 말씀해 주지 않으셨어요."
"벌써라니? 넌 조엘이 떠난다는 걸 알고 있었니?"
"내일 간다고 했잖아요. 내일이라고요!"
스미스는 울음을 터뜨렸어.
"어머, 얘가 왜 이래?"

나중에 안 얘기인데 스미스는 파리에서 일을 하면서 많은 것을 깨달았다고 하더구나. 그러면서 일을 하거나 공부를 하면서 제시

카가 자꾸만 보고 싶더래. 제시카에게 왜 치즈를 주고 싶었는지 스미스도 몰랐던 서지. 파리로 와서 제시카의 얼굴이 자꾸만 떠오르더라는 거야.

원래 첫사랑은 이루어지지 않는 것이라는 말이 있지. 너희들은 모르겠지만 말이야. 뭐라고? 첫사랑쯤은 벌써 해 봤다고? 지금 두 번째야? 예끼 이놈들, 허허허.

좋은 의미의 이기심과 부자 나라

이기심에 의한 보이지 않는 손

스미스는 부자 나라 이야기에서 시민 사회의 논리와 윤리에 대해서 설명하고 있답니다. 근대를 살고 있던 당시 영국 사람들이 어떻게 생활하고 행동하는 것이 시민 사회를 사는 진정한 시민에 대해서 말하고 있습니다.

시민이란 봉건적인 생활에서 벗어나 자립한 개인의 삶을 영위하는 사람을 말합니다. 그렇다면 시민 사회란 이런 사람들이 모인 사회라고 할 수 있을 것입니다. 유럽에서는 여러 가지 혁명의 영향으로 이러한 시민 사회가 만들어졌답니다.

시민 사회에서의 모든 개인은 하나의 독립된 사람으로 봅니다. 그렇기 때문에 사회적인 권리와 의무를 다하고, 그에 따른 책임도 지는 사회를 말하는 것입니다.

스미스가 말하는 시민 사회는 오늘날 우리가 이야기하는 시민 사회와는 조금 다릅니다. 스미스는 근대화된 사회로 봉건 영주들의 절대

주의적인 사회와 반대되는 의미로 시민 사회를 이야기합니다. 즉 봉건사회라는 말과 대비되는 근대 산업이 발달한 사회, 즉 공업화가 된 사회를 뜻하는 것이죠.

이런 시민 사회에서 모든 사람은 자유롭고 평등합니다. 그리고 시민 사회에 사는 사람은 모두가 잘살기를 원합니다. 그래서 시민 사회가 해야 할 일은 민주주의와 자유주의를 구현해야 하는 것이죠.

시민 사회에 사는 사람은 모두 자유롭고 평등하기 때문에, 모든 사람들이 한편으론 이기적입니다. 그러나 여기서의 이기심은 스스로 잘살기 위한 좋은 의미에서의 이기심입니다. 따라서 이기심이 발휘되어야 시민 사회는 잘사는 사회가 될 수 있는 것입니다.

개인의 이기심이 시민 사회에 충분히 반영될 때, 사회 전체는 잘살 수 있고 복지 또한 잘 이루어진다고 스미스는 말하고 있답니다. 이런 현상은 '보이지 않는 손(led by invisible hand)'에 이끌려 사회의 이익과 부가 증가된다고 본 스미스의 탁월한 견해라고 할 수 있습니다.

시민 사회에 살고 있는 개인은 의도적으로 사회의 부나 이익을 위해서 일하는 것이 아니며, 자신의 활동이 사회의 부나 이익에 어떤 도움이 되는지도 모릅니다. 다만 스스로 잘살기 위해서 노력할 뿐입니다. 이렇게 스스로의 부와 이익을 위하는 개인의 생각이 곧 사회 전체의 부와 이익으로 이어지는 것이죠.

사회의 이익이나 부를 생각하고 일을 하는 사람보다는 개인의 이익이나 부를 생각하고 일하는 사회가 더 잘사는 사회라고 애덤 스미스는 보았습니다.

그럼 어떻게 개인의 이기심이 잘사는 사회를 만들 수 있을까요? 스미스는 개인의 이기심이야말로 부지런함, 절약, 신중함 등과 같은 좋은 성품을 만든다고 했습니다. 그리고 이러한 개인적인 성실함, 근면성, 절약이 사회의 부지런함, 절약 그리고 성실성으로 바로 이어지기 때문이죠.

이제 왜 시민 사회에 살고 있는 개인이 이기심을 발휘해야 부자 나라가 될 수 있는지 알겠죠?

스미스는 내가 잘사면 나라도 잘산다는 아주 단순한 생각을 하였답니다.

에필로그

콜록콜록. 목이 아파서 기침이 나는구나. 물 한잔 다오. 꿀꺽꿀꺽, 에헴!

스미스가 어떻게 하면 부자 나라가 될 수 있다고 했느냐? 왜 아무도 대답이 없지? 뭐? 그래서 스미스와 제시카가 어떻게 됐냐고? 예끼, 이 녀석들! 이 할아버지가 목 아프게 설명한 '보이지 않는 손' 이야기는 죄다 까먹고 온통 스미스의 첫사랑 이야기에만 촉각을 곤두세우다니. 물론 나는 훗날 제시카와 스미스가 어떤 사람이 되었는지 모두 알고 있단다. 하지만! 너희들이 우선 보이지 않는 손 이야기를 잘 이해했는지 확인한 후에 제시카의 소식을 알려줄 거야. 허허! 이제야 술술 이야기를 하는군.

옳지, 옳지, 그렇지! 바로 그것이 보이지 않는 손의 정체란다. 스미스는 그렇게 개인의 이기심이라는 보이지 않는 손이 개인의 행복과 이익뿐 아니라 국가의 이익과 행복까지도 가져다 준다고 믿었어. 이제야 기억이 나는 모양이로구나.

어쨌거나 이제는 너희들 모두가 보이지 않는 손의 정체를 알게 되었으니 이 할아버지는 그걸로 만족한단다. 이건 어디 가서도 다시 들을 수 없는 얘기란다. 너희들은 오늘 아주 값진 걸 얻은 게야. 친구들에게 물어 보렴. 너희들은 보이지 않는 손을 아느냐고 말이다. 아마 그건 오늘 이 자리에 모인 너희들만이 아는 특급 비밀이 될 게다.

휴우…… 이제 이야기는 모두 끝이 났단다. 참! 제시카 말이냐? 원, 녀석들 그게 그리도 궁금하더냐. 제시카가 훗날 어떤 사람이 되었을까? 제시카가 제일 좋아하던 것이 무엇이었는지 생각나니? 그렇지! 치즈! 제시카는 훗날 영국에서 제일가는 치즈 공장의 사장님이 되었단다. 놀랍다고? 그런데 스미스와 제시카는 어떻게 됐느냐고?

가만, 그게 어떻게 됐더라? 후후. 제시카가 떠나고 20년이 흐른 후 스미스는 프랑스에 있는 삼촌 댁으로 휴가를 떠났다가 파리 광장에서 우연히 제시카를 다시 보게 되었단다. 스미스는 반가운 마음에 제시카에게 다가서려고 했어. 하지만 제시카 옆에는 이미 든든한 남편과 두 명의 아이들이 있었어. 그리고 가장 놀라운 건 제시카와 결혼을 한 사람이 바로…… 마틴이었다는 거야. 그 성격 급한 마틴 말이다.

유명한 머리핀 공장의 사장 마틴과 영국 제일의 치즈 공장 사장 제시카는 아주 단란한 가정을 꾸리고 있었어. 스미스는 마틴에게 멋지게 악수를 청했고 제시카에게 축하한다는 말을 해 줬지. 그들의 가정을 진심으로 축복해 주었어. 참 멋지지? 후훗.

자, 이제 정말 내 이야기는 끝이 났으니 집에 가야지. 뭐? 또 다른 이야기를 들려 달라고? 그러고 싶지만 너무 늦었잖니, 애들아. 내일 다시 해 주마.

조심히 가거라…….

통합형 논술
활용노트

01 애덤 스미스가 살았던 당시 영국 사회는 산업혁명으로 인해 많은 변화를 겪고 있었습니다. 이로 인해 스미스 식구와 이웃들이 가장 많이 달라진 점은 무엇인지 말해 봅시다.

02 스미스가 '머리핀 프로젝트'를 성공할 수 있었던 가장 큰 이유는 무엇일까요? 책을 잘 읽고 논술해 보세요.

03 애덤 스미스는 자연 가격 제도가 시민 사회에 있어 가장 바람직한 가격 제도라고 말하고 있습니다. 그렇다면 자연 가격 제도와 시장 가격 제도의 차이는 무엇일까요?

04 애덤 스미스는 우리가 일하는 이유가 각자의 행복을 추구하려는 이기심에서 비롯된 것이라고 말합니다. 여러분은 이 말을 어떻게 생각하나요? 그리고 여러분이 생각하는 노동의 이유는 무엇인가요? 부모님을 도와드렸던 경우나 아르바이트를 했던 경험 등을 떠올려 자유롭게 적어 봅시다.

05 여러분이 생각하고 있는 '부자 나라가 되는 법'은 무엇인가요? 책의 내용과 연관시켜 생각해 보세요.

01 영국에서 일어난 산업혁명의 배경에는 넓은 초원과 양을 기본으로 한 방직업이 자리 잡고 있었습니다. 스미스의 가족들이 부유하게 잘살게 된 이유도 돈을 많이 가지고 있어서가 아니라 땅을 많이 가지고 있었기 때문입니다. 그래서 부유층들은 농사를 짓거나 다른 사업을 하기보다는 양을 키워 방직업을 하려는 경향이 강했습니다.

하지만 산업화와 기계화에 따른 산업혁명은 이러한 영국인들의 생활을 크게 바꿔 놓았습니다. 지금까지 사람이 하던 일을 기계가 하게 됨으로써 짧은 시간에 많은 제품을 생산할 수 있게 되었기 때문입니다. 그러나 산업혁명은 사람들에게 편리함만을 가져다 준 건 아니었습니다. 사람들이 할 일이 적어지면서 피터처럼 일하던 곳에서 쫓겨나기도 하고 새로운 일자리를 구하는 것이 예전보다 더욱 어려워졌기 때문입니다. 이러한 과정에서 부유층은 새로운 기계를 사들여 인건비를 줄이고 대량 생산을 해 많은 재산을 모으게 되었지만 가난한 사람들은 적은 돈을 받으며 오랜 노동 시간을 견뎌야 하는 등 부익부 빈익

빈 현상이 더욱 심해지게 되었습니다.

02 스미스와 친구들이 성공을 거둔 이유는 바로 각자가 할 일을 정확하게 정한 뒤 일을 나누어 프로젝트를 진행했기 때문입니다. 이전까지 스미스와 피터는 머리핀을 만들면서 재료를 준비하고 조립하는 등의 모든 작업을 혼자 하는 것으로 생각했고 그 방법을 바꾸려는 생각조차 하지 못했습니다. 하지만 스미스가 제시한 분업을 통해 작업 속도가 빨라졌고 예전보다 훨씬 많은 양의 머리핀을 만들어 경제적인 도움도 얻을 수 있었습니다. 그리고 자신 혼자의 힘만으로는 하나의 제품을 만들어 내는 것이 불가능하다는 것과 협동과 존중이 중요하다는 사실을 자연스럽게 깨닫게 됨으로써 우정도 더욱 깊어졌던 것입니다.

03 자연 가격 제도는 시장에서 생산자와 소비자, 기타 누구의 간섭도 받지 않고 '보이지 않는 손'에 의해 자연

스럽게 정해진 가격을 말합니다.

예를 들어 어떤 물건을 만드는 데 필요한 재료의 가격이 올라간다면, 그에 따라 당연히 완성된 제품의 가격이 올라가는 경우를 들 수 있습니다. 즉 자연 가격 제도에서의 가격은 올바른 분업과 협동의 과정에서 나타난 것이며, 상호 간의 합의가 바탕이 된 것입니다.

반면 시장 가격 제도는 자본력을 가진 누군가의 올바르지 못한 과정을 통해 이루어지기 때문에 '보이지 않는 손'의 통제를 벗어나게 되고, 결국 특정한 사람만 이익을 보게 되는 가격을 말합니다.

예를 들어 시장에서 한 가게가 생활에 꼭 필요한 물건을 독점해 판매한다면, 소비자들은 터무니없이 비싼 가격을 내고 그 물건을 사야 하는 입장에 처할 수 있을 것입니다. 이는 그 가게의 이득만 높여줄 뿐, 건전한 시장과 시민 사회의 발전에 아무런 도움이 되지 못합니다. 애덤 스미스는 이러한 비교를 통해 자연 가격이 바람직하다는 것을 강조하고 시장 가격을 경계하고 없앨 것을 주장하였습니다.

04 저는 지난 여름방학 동안에 외삼촌이 경영하시는 음식점에서 설거지와 청소를 돕는 아르바이트를 했습니다. 평소에는 일이 많지 않았지만 주말이 되면 손님들이 평소보다 두 배, 세 배로 오셨기 때문에 잠시도 쉴 틈이 없었고 몸도 많이 힘들었습니다. 하지만 제가 방학이 끝날 때까지 그 일을 도와드렸던 이유는 용돈을 모아 꼭 사고 싶은 축구 유니폼이 있었기 때문입니다. 제가 일을 한 이유가 식구들이나 주변 친구들을 위한 것이 아니라 저만을 위한 것이기 때문에 조금은 부끄러운 마음이 들기도 했습니다. 하지만 어깨가 쑤시고 손에 상처가 나도 그 유니폼을 입고 운동장을 달리는 제 모습을 생각하면 행복한 기분이 들었습니다. 또한 제가 그 유니폼을 입고 축구를 더욱 열심히 잘하게 된다면 부모님도 좋아하시고 친구들 사이에서도 인정받을 수 있을 것이라고 생각합니다.

05 애덤 스미스는 사회 전체의 이익과 부를 통해 부자 나라를 만들기보다는, 자기 자신의 이익과 부를 위해 일하는 사람들을 통해 진정한 부자 나라를 만들 수 있을 것이라고 말했습니다. 이러한 개인들의 이기심은 사회를 건강하게 발전시키는 부지런함, 절약 등으로 연결되기 때문입니다.

저는 부자 나라가 되기 위해서는 각자가 원하는 일을 할 수 있게 개인의 적성을 정확히 파악하고, 그 일을 할 수 있는 기회를 주어야 한다고 생각합니다. 제 주위 어른들을 보면, 자기가 좋아하는 일이 있음에도 불구하고 나이나 학력 등의 기준으로 인해 원하지 않는 직업에 종사하고 있는 분들이 있습니다. 이런 사람들이 늘어날 경우 불만을 가지고 열심히 일하지 못하게 되어 생산성이 낮아지고 사회적으로도 좋지 못한 결과를 낳게 됩니다. 그러므로 저는 각자가 원하는 자리에서 애정을 가지고 최선을 다할 수 있을 때, 생산성이 높아질 수 있을 것이라고 생각합니다. 즉, '일하고 싶은 곳에서 일할 수 있는 나라'가 진정한 부자 나라일 것이라고 생각합니다.